「悩みを作らないこころ」に

心質
ShinShitsu

改善
KaiZen

おかのきんや・稲垣凛花・根本浩

内外出版社

まえがき

自分の顔が好き、そういえる大人の女性でありたい。

私はいつもご機嫌なかわいい女性でいたい、そう思います。あなたと一緒にいると楽しい、ほっとする、嬉しくなる、そんな風に言われたいとも思います。

そして、自分の人生に納得しながら一歩一歩前を向いて歩いていきたい、そう切に思います。

だけど、心というのはいつも揺れ動いていて、不安や葛藤を抱えているときは、うまく笑うことができません。心がずしんと重くなります。そして「自信」なんてものは、コツコツ積み上げてきても、いつもあっけなく玉砕してしまいます。

「どうしたら、重くなりがちな心から解放されるのだろう？」

「どうしたら、いつもご機嫌に過ごせるんだろう？」

そんな思いから、この本の企画が生まれました。

「心質改善」

この耳慣れない言葉が、あなたの目に留まったのでしたら嬉しいです。
「もう少し、自分のものの見方を変えられるといいのに」と思っている方に、「こっちの角度から見ると違って見えますよ」「心の片隅にある余計な荷物を手放すには、こんな方法がありますよ」……そんなヒントがたくさん詰まった1冊になっています。

そして、「幸せになる方法」については書かれていませんが、「幸せに感じる心」の持ち方については実に情報満載です。

今回は三人の著者で書きました。
一人は漫画家であり、エッセイスト、そして書籍の企画立案者として70冊近い本を世に送り出しているおかのきんや。彼の人柄がそのまま伝わってくるあたたかい画風とメッセージには根強いファンがたくさんいます。一見、どこにでもいそうな普通のおじさんなのですが、子どもに話しかけるような、やさしい語り口は特別なもので、私はそれを密かに「きんやの〝ひだまり〟」と呼んでいます。あなたにも、このひだまりを感じながら、読み進めていただければ幸いです。いつの間にか、心がほっこりしているはずです。

またもう一人は、高校教師として教壇に立ちながら、文筆家としてヒット作を連発している根本浩。人気番組『世界一受けたい授業』(日本テレビ)などにもゲスト講師として度々出演しているのでご存知の方も多いかもしれません。知的でダンディーでメディアがほっとけないほどのイケメンなのに、いつも謙虚な姿勢には学ぶことばかり。また超愛妻家で、この本の中にも頻繁に奥様が登場します。男性からみた素敵な女性像、妻に求める男性の本音も垣間見えて、実に興味深いものがあります。「心質改善のコツ」と同時に、愛され女性になるヒントを得ていただければと思います。

そして最後の一人は私、稲垣凛花です。ブランディングプロデューサー(イメージコンサルタント)として、企業や個人のイメージづくりを手がけ、またエッセイストとしても活動しています。読者のみなさんと同じように、仕事と家庭の両立を常に模索しながら、優雅さとは無縁でいつもドタバタと走り続けています。

それにしても毎日、うれしいこと、かなしいこと、いろんなことが起りますね。そのさまざまな経験が思い出に変わり、人生はつむがれ、ゆっくりと満ちていきます。
そして、そのときどきに「なにがあったのか」よりも、「なにを思い、どう感じ、どのように行動してきたか」がきっと大事で、つまりその「生きざま」というものが、その人の顔を作っていくのだろう、と思います。

50歳を目前にした今、いい顔をしていたいな、自分の顔が好きでありたいな、と心から思うことが増えてきました。そして、大切な人に、この人とずっと一緒にいたいと思ってもらえる人でありたいな、とも思います。そのためにも、日々、心質改善。ちょっとした心のスイッチ一つで、世界はまるで違って見えるものです。

あなたの笑顔の花が、今日もやさしく咲きますように。

稲垣凛花

もくじ

2章 稲垣凜花「毎日が輝き出す、心質改善」

3章 根本浩「活力がわいてくる、心質改善」

1章

おかのきんや

心を軽くする、心質改善

改善 01

「悩みやすい」心の質を変える

おかのきんや

悩みやすい人の心は〈過敏〉です。

言葉遊びのようですが、人の心は〈花瓶〉です。心は〈花瓶〉に、とても良く似ています。

繊細で、優雅、だからこそ、傷つきやすく、悩みやすい、あなた。そんな、あなたを、花瓶に例えれば・・・、ガラス製の、一輪挿しの花瓶です。

心の安定している人を、花瓶に例えると、どっしりとした、陶器の重たい花瓶です。

それを知っていただいたところで、この名言を味わってみてください。

『ちょっとしたことで悩みやすいということは、逆に考えると、ちょっとしたことで元気にもなるということだ』

すがのたいぞう（臨床心理士）

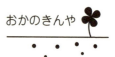

一輪挿しの花瓶は、ちょっとした振動を受けたり、ちょっとした風を受けると、簡単に倒れてしまいます。陶器の重たい花瓶は、そんな振動や風など、まるで感じないように、どっしりと構えています。

もちろんこれは、悩みやすい過敏な人と、ものに動じない人の例えです。

振動や風は、ストレスやトラブルの例えです。

悩みやすい心を持っている人は、ちょっとした、ストレスやトラブルがあると、不安定な一輪挿しの花瓶のように、簡単に倒れてしまいます。簡単に心が落ち込みます。

でも、一輪挿しの花瓶は、起こすことも簡単です。花瓶の先を、あなたの繊細な指で摘めば、ほとんど力を使わず、元に戻すことができます。陶器の重たい花瓶は、倒れにくいのですが、いったん倒れると、起こすのには、とても力がいります。

ガラス製の、一輪挿しの花瓶。そして、どっしりとした、陶器の重たい花瓶。それぞれ、特徴があります。

あえて、長所や短所とは、いいません、特徴です。その特徴を、長所にするか、短所にするかは、あなたの心しだいです。

一輪挿しのあなたの特徴を、長所にしてくれるのが、先ほどの名言です。

『ちょっとしたことで悩みやすいということは、逆に考えると、ちょっとしたことで元気にもなるということだ』

いまなら、この名言、納得していただけると思います。

悩みやすい人は、とても繊細で傷つきやすいという特徴があります。

この特徴を、長所にしたいのなら、次の方法があります。

その繊細さを、日々が楽しくなることに利用してしまえばいいのです。

繊細だからこそ、ふつうの人では気づけない、素敵な喜びを見つけることができます。傷つきやすいからこそ、人の心を察し、思いやれる、優しい人になれます。

「でも、繊細さを楽しくなるように、利用できるほどゆとりが無い。その方法も思いつかない」

そんなふうに、〈せっかち〉になってしまうのも、悩みやすい人の特徴です。〈せっかち〉な人は、なにか問題が起こると、すぐに白黒をつけたがります。何か起こると、幸福か、不幸かのどっちかに決めたがります。それが、悩み事を増やしてしまいます。

私も〈せっかち〉なので、その気持ちが、とても良くわかります。

これから、しばらくの間、その〈せっかち〉をちょっと脇に置き、ともかく、この本を読み進めてみてください。

この本を最後まで読み終えたとき、悩みやすい、あなたの心の質が、長所に変化していることに気づくはずです。

『一輪挿しの花瓶は簡単に倒れます。でも、簡単に起こすことができます』

筆者

参考文献

『こころがホッとする考え方』すがのたいぞう 著/すばる舎

改善 02

心のピアニスト

繊細さを、日々が楽しくなることに利用してしまえばいい。

と、前項で書きました。それに対し、こんな声が聞こえてきそうです。

「繊細さを楽しくなることに利用できるほどゆとりが無い」「そんな方法も思いつかない」「どうしたら悩みから、一瞬で解放されるのかを教えて欲しい！」

そんなひとに質問です。

秘密を知るだけで、一瞬で10kgダイエットできますか？

秘密を知るだけで、一瞬で新入社員がベテラン社員のようになれますか？

秘密を知るだけで、一瞬でピアノをひきこなせますか？

答えは、どれもありえません。もし、これらの目標を達成しようとすれば、努力と経験、そして、それなりの時間が必要です。

ところが、心に関しては、

「一瞬で悩みから解放される秘密があるかもしれない」という幻想があります。それこそが、悩みやすいひとの最大の特徴です。あえて厳しい言い方をします。その安易な心の姿勢が、悩みやすい自分から抜け出せない最大の原因です。確かに、一瞬で、人生観が変わったり、人間的に急成長することはあります。ただし、命に関わるような特殊な状況などの場合です。

それを、意図的におこなっているのが、宗教家の難行苦行という修行です。それでも、一瞬で心が変わると明言する書籍などがたくさん出ています。確かに、それらを読むと、一瞬、心が解放されたような気になります。

ところがそれは錯覚で、一瞬元気になっても、それが一週間続くことはありません。いつのまにか、元の自分に戻っています。

なぜなら、心の癖はそう簡単には治らないからです。

偉そうなことを言っていますが、実はこれ、全て私の通ってきた道です。だから、悩みやすいひとの心に寄り添って、心が元気になれるアドバイスをしたいのです。

心もピアノと同じです。

一瞬でピアノをマスターできる秘密などありません。心というピアノを弾きこなすためには、日々のレッスンが欠かせません。その意識を持つことが、悩みやすい自分から抜け出す近道なのです。

ただし、むやみやたらにレッスンをしても、上達はしません。こうすれば上達するという、的確な方向性を持ったレッスンをすることが大切です。

そのひとつが、**繊細さを、日々が楽しくなることに利用してしまえばいい、なのです。**

このアドバイスを知っても、今日、そのやり方を思いつかないのは当然です。今日、それを始める力が出ないのも当然です。ピアノを習いにいった、その日に、ピアノの名人のように弾けないのと同じでことです。でも、このアドバイスを、知ったことと、知らないこととでは、この先の人生が天と地ほど違ってきます。

このアドバイスを意識し、そのレッスンを心がければ、必ず上達します。こうすれば、楽しくなるというやり方を自分で工夫できるようになります。それは、さいしょ30点ほどの大したことではないかもしれません。でも、やり続けていれば、その点数はどんどん上がり100点も夢ではありません。真面目に自分を変えたいと思うのならば、自分に対して誠実なやり方をすることが大切です。

日本を代表するピアニスト、中村紘子さんは、こうお話しされています。

「ピアノという楽器を弾きこなすには、たいへん高度な技術が必要です。譜面どおりきちんと弾けていれば、一定のレベルまではいける。でも、それではやはり人の魂に響く演奏家にはなれません。

ではどうするか？やはり日々の努力が必要。自分の血肉になるまで弾き抜くことが大切なんですよね」。

この名言、〈ピアノ〉を〈心〉に置き換えて読んでみてください。堅実な努力こそ、自分の心を成長させる秘訣だと納得できるはずです。

あなたも、今日から心のピアニストのレッスンを始めませんか。

改善 03

苦手な人を減らすには

苦手な人って、悩みの種ですね。いますよね、思い出すのも不愉快な人って。

会社、カルチャーなど、多くの人と関わるとき、付いて回るのが人間関係です。苦手な人をなんとかする方法、お教えします。

知人のS子さんが、カルチャーで太極拳の講師をしています。生徒さんが、突然辞めることがよくあると言います。その理由のほとんどが、人間関係です。

カルチャーなどで、苦手な人がいる場合、退会してしまえば、その瞬間からストレスは消えます。ところが、会社や取引先に苦手な人がいる場合には、そうもいきません。生活のためには、ストレスを感じながらも、その場から逃げ出すわけにも生きません。苦手な人と、職場などで、どうしても顔を合わせなければならない。毎日つきあっていかなければならない。

そんなとき、悩みやすいひとの特徴があります。

それは、こんな考え方です。「なんとか、苦手な人と仲良くなろう」「そのためには、自分を変えよう」とても真面目で、真っ当な考え方です。相手が真っ当なひとなら、このやり方は正解です。ところが、相手が真っ当なひとでない場合、このやり方はキケンです。

なぜなら、あなたが苦手な人と仲良くなろうと思った瞬間から、相手の態度に一喜一憂するようになるからです。相手の態度に、常に心が振り回され、その度に、ストレスが増大します。増々、苦手な人になっていきます。時には、怒りが暴走し、自分を苦しめることになります。

『敵のため火を吹く怒りも、加熱しすぎては自分が火傷する』

シェイクスピア（英国の劇作家、詩人）

では、解決策です。

「苦手な人と、仲良くする必要はない」と、割り切ることです。「苦手な人と、仲良くできないなんて、自分は未熟だ」なんて、反省しないことです。

かといって、敵意を示す必要もありません。仲良くしなくていい。でも喧嘩もしない、そういう相手であるとハッキリ決めことです。そうすれば、相手の一挙手一投足に、一喜一憂し、心が振り回されることが、とても少なくなります。

ただし、挨拶だけは、笑顔でキチントすることです。もちろん、仲良くするための手段ではありません、敵意がないことを伝えるためです。無視をするのは、宣戦布告と同じです。

五年ほど前、とても苦手な人がいました、Aさんとしましょう。

Aさんは、私が参加している、あるグループのリーダー的なひとでした。

こちらが挨拶をしても、無視をする、私の欠点を人前で、無神経に指摘する、苦手どころか、嫌悪さえ感じました。

始めのころは積極思考で、これは自分を成長させるチャンスだと思い、何とか仲良くしようとしました。ところが、その度に不愉快な反応がかえってきました、このやり方ではダメだとわかりました。

そして、前述した解決策を思いついたのです。

さっそく、Aさんには、笑顔で挨拶するようにしました。心の中では、（あとはどうでもいい人）と、きっぱりと決めていました。

すると、不思議なことにAさんの方から、大きな声で挨拶してくることが増えてきたのです。たびたび、好意的に話しかけてくるようになったのです。

いまなら、そのわけがわかります。以前は、Aさんに会った途端、私のAさんへの不快感が、微妙に伝わっていたと思うのです。ところが、仲良くする必要はないと、決めた途端から、私の中から、かなりのモヤモヤが消えました。

そんな気持ちでの、挨拶には、Aさんに対する不快感は、ほとんどなかったからです。だから、Aさんの私に対する態度が、好転したのです。このやり方、ぜひ試してみてください。

『人に認められようと期待しないことだわ。そうすれば、自然と尊敬され、認められるようになるものよ』

グロリア・スタイネム（米国のジャーナリスト）

改善 04

世の中への劣等感が消えていく

世の中にたいして、ぼんやりとした劣等感を持っていませんか。

あなたは、一生懸命がんばっています。それなりの生活もできています。それなのに、なにか世の中に引け目を感じていませんか。

いまの世の中、優越感を持っているのは、たぶん人口の1%以下です。芸能人やお金持ち、各界の成功者、いわばセレブです。

99%の一般ピープルたちは、セレブになれない自分に、うっすらと引け目を感じています。テレビなどで、美しい人やお金持ち、有名人をいやというほど持ち上げます。セレブたちのように生きるのが、幸せのゴールであるかのように、日本中に魔法をかけています。

でも、これってヘンですね。テレビの中で輝いている幸せが、本当に100%の幸せなのでしょうか？

今年（平成27年）『サラバ！』で、直木賞を受賞した、作家の西加奈子さん。

イラン生まれのエジプト育ちです。子どものころは、北斗の拳に憬れ、男の子になるのが夢でした。だから、お兄ちゃんの服を着て、男の子のように暮らしていたそうです。

ところが、小学生のとき帰国すると、日本の女の子が目指す、幸せパターンに愕然。

男の子のカッコが好きでも、それをしては女の子の世界から弾き出されてしまいます。

疑問を感じながらも、「女の子はこうあるべき」という、世間の雰囲気に合わさざるを得ませんでした。

大人の世界では、幸せを掴むためには、「女は美しくあるべき、いい結婚をすべき」。幸せを掴むためには、「男は、成功者になるべき、お金持ちになるべき」。という、「こうあるべき」の魔法が日本中を覆っていました。

加奈子さん、世間の「こうあるべき」への違和感が、どんどん高まっていきました。

その答えを求め、書き上げたのが、『サラバ！』だったのです。

『サラバ！』のあらすじです。

主人公の少年、歩はイラン生まれ。父と、チャーミングな母、変わり者の姉と、小学生のときに帰国します。

歩は作者、西加奈子さんの分身と思われます。姉は、わざと男の格好をして、世の中の流れに反逆。歩は、姉とは正反対に、みんなからK・Yといわれることを極端に恐れます。そこで、世の中の「こうあるべき」という魔法にかかったふりをしながら、成長していきます。大震災や、エジプトの革命などを絡めながら、超弩級のストーリーが展開してゆきます。

「こうあるべき」の幸せを掴めるのは、たった1％のセレブだけです。

でも、セレブたちの自信、いったん掴んだら揺らぐことのない、本物の自信でしょうか？

バブルの頃、仕事で知り合った、青年社長がいました。ダンディーなファッションと物腰、静かな自信が溢れていました。ところが会社が倒産した途端、貧相でオドオドとした人に変わってしまったのです。

彼の自信は、彼の人間性から出ていたものではなかったのです。お金や、ファッションから出来ている、ぬいぐるみが発する自信だったのです。

『サラバ！』には、自分の価値観、人生観は人に委ねてはいけない。「自分の信じるものは自分で決める」という、メッセージが込められています。

西加奈子さんは、「こうあるべき」という、世の中の魔法から目覚めよ、と訴えます。『サラバ！』の主人公である歩も、ついには世の中の魔法という呪縛から解放されます。あなたも、それに気づくだけで、世の中から受ける、劣等感と決別することが出来るのです。

まさに、「こうあるべき」という世の中の魔法よ『サラバ！』なのです。


『劣等感は、自分以外の誰にも作り出すことはできないわ』

エレノア・ルーズベルト（第32代米国大統領フランクリン・ルーズベルトの夫人）

参考文献
「サラバ！」西加奈子 著／小学館

改善 05

嫌な気持ちを消したいときには

「嫌な気持ちを消したい」。

ところが、嫌な気持ちを消そうすればするほど、かえって嫌な気持ちが強くなってきます。心で心をコントロールすることは、とてもむずかしいことです。

でも、ご安心ください、心を使わず、心をコントロールできる方法があります。それは・・・。呼吸法です。

私は、呼吸法の愛好家であり、専門家です。カルチャーセンターで、クラスを持っていたこともあります。『幸せ呼吸法』という書籍も出させていただいています。

とつぜんですが、質問です。

あなたの心臓の鼓動を、あなたの意志で、速くしたり遅くしたり、することができますか？あなたの体温を、あなたの意志で、上げたり下げたり、することができますか？

もちろんできませんよね。

でも、体は常に最適な状態になるよう、あなたの意志に関わらず、体温調節などをコントロールしてくれています。

その働きを担当しているのが、自律神経です。私たちの内蔵や神経系統は、自律神経がコントロールしています。自分の意志でコントロールすることはできません。

ところが、あなたの意志でコントロールできる器官がひとつだけあるのです。それは〈肺〉です。肺は、自律神経と意志、その両方からコントロールできる、とても不思議な器官なのです。だから、呼吸だけは、自分の意志で速めたり、遅めたりすることができるのです。「息」という字は「自」の「心」と書きますね。まさに、息は自分の心の状態を反映しているのです。

それなら、逆もまた真なりなのです。なんと、**あなたの息遣いを変えることで、あなたの心を変えることができるのです。**この体と心の仕組みを利用したのが呼吸法なのです。

心が弱っているとき、元気を出すのはとても難しいことです。

それは、「元気のない人」が、「元気のない人」を元気づけようとしているようなものだからです。さらに暗い気持ちにはなっても、より元気になることはまずムリですね。人を元気づけるためはその何倍もの元気が必要なのです。

ところが呼吸に焦点を当ててみれば、気力や精神力に頼ることなく、呼吸という「動作」で、心をコントロールできるのです。どんなに心が弱っていても、呼吸の動作くらいならできるはず。気分がウツウツとしているとき、自然とため息が出ていることでしょう。たとえば、ため息が出たら、それに便乗してそのままゆっくりと長く、意識的に息を吐いてみましょう。それを何回か繰り返してください。そのたびに「うつ」な気分が薄れていくはずです。

拙著『幸せ呼吸法』より、具体的な方法をひとつご紹介します。

〈嫌な気持ちを消す呼吸法〉です。

生きていれば、失敗したり嫌なことを言われたりすることもあります。そのことが頭から離れずいつまでも嫌な気分を引きずってしまうのは困りますね。そこで、どうやっても頭に浮かんできてしまう嫌なことを、すっぽりと断ち切るための呼吸法です。

まず手のひらで頭の後ろをゆっくりとなで下ろしながら、静かに息を吐きます。頭にこびりついた、嫌な気持ちをきれいに拭き取るような思いを込めて5回繰り返します。最後に首の後ろの「ぼんのくぼ」（後頭部と首の境目）あたりを軽く押しながら「ふっ」と短く息を吐きます。最後に「おしまい」と言い切ります。

『私は確かに二十代の頃、キャンキャンわめくスピッツ犬のような呼吸をしていたな、と自分で思う。

それに比べれば確かに呼吸と言うものの重要性を知った今、そして呼吸に意識を向けるようになった今は自分と言う中心からそんなにズレなくなった』

田口ランディ（作家）

参考文献
「30秒でセルフコントロール 幸せ呼吸法」おかのきんや 著／ヤマハミュージックメディア
「出来ればムカつかずに生きたい」田口ランディ 著／新潮社

改善 06

心の質を変えるコツ

心の質を決めているのは、あなたの日々の習慣です。

もし、心の質を改善したいのなら、習慣を改善すればいいのです。

『幸福とは心の習慣である』

マクスウェル・マルツ（米国の整形外科医）

ところが、習慣を変えるのは、とても難しいことです。例えば、ダイエットを気にしているのに、つい間食をしてしまう。理性では、間食は悪いとわかっているのに、食べたいという本能に負けてしまう。これが、習慣の特徴です。

習慣は、スマホや携帯のメールと、とても似ています。

携帯メールで、同じ言葉を何度も使うと、それが習慣化し、次からは、自動的にその言葉に変換されます。いつも楽しいことを思っている人は、〈う〉と、打ち込むと〈うれしい〉〈うきうき〉などの単語がトップに出てきます。いつも沈みがちな人は、〈う〉と、打ち込むと〈うつっぽい〉〈うざったい〉などの単語がトップに出てきます。携帯の便利機能〈予測変換〉という働きです。

〈う〉を〈うざったい〉と、変換する癖がついてしまった携帯。それを、〈う〉と、打ち込むと〈うれしい〉と、変換するように、変えるための方法は、たった一つしかありません。

それは、〈うれしい〉という単語がトップで変換されるまで、〈うれしい〉を何度も何度も、打ち込み、変換の癖を変えてしまうことです。

私たちの脳も〈予測変換〉と同じような働きをしています。

一度ついた癖は、そうは簡単には変わらないようにできているのです。

だから、今日、悪い習慣を変えようと決心しても、突然、今日から良い習慣の人に変身なんかできないのです。

ダイエットしようとするとき、理性で食欲をコントロールするなんて、ハッキリいって無理です。脳科学的に見てみましょう。

〈理性〉は、善い、悪い、でものごとを決めます。

〈感情〉は、好き、嫌い、でものごとを決めます。

〈本能〉は、快感、不快感でものごとを決めます。

〈理性〉、〈感情〉、〈本能〉のなかで、一番強烈なのが〈本能〉なのです。

だから、スイーツが目の前にあれば、〈理性〉は〈本能〉にいとも簡単に蹴散らされてしまうのです。


世の中の男性たち、恋人や妻がいたら、絶対に浮気してはいけないと、〈理性〉ではわかっています。でも、魅力的な女性が目の前にいれば、〈理性〉は〈本能〉にいとも簡単に蹴散らされてしまうのです。よほどの聖人君主出ない限り、〈本能〉は〈理性〉に勝るのです。

そして、〈習慣〉も〈理性〉に勝るのです。

でも、ご安心ください。習慣は変えることができます。

それは…。**悪い習慣をムリヤリ変える、ムダな努力はしないことです。**

「えっ!?そんなのあり?」と思われるかもしれませんね。「そんなのあり」なのです。

しばらくの間、悪い習慣には、見て見ぬ振りをしておいてください。

それよりも、〈携帯の予測変換〉の癖を変える方法と同じように、新しい習慣を、ドンドン上書きしてしまえばいいのです。

ここがコツです。ところが、〈楽しさ〉や〈快感〉には、かんたんになびいてしまいます。この習性を逆手にとってしまうのです。

無意識下で、コントロールされている習慣は、〈抑制〉や〈禁止〉が大の苦手です。

〈間食〉に悩んでいるのなら、〈間食よりも楽しいこと〉と、置き換えてしまうのです。

例えば〈恋愛〉です。楽しいことに没頭すると〈寝食を忘れる〉という表現があるように、〈間食〉どころか、食べることさえ忘れてしまいます。

新しい習慣が楽しければ、ある日、悪い習慣と新しい習慣が入れ替わっています。それが、心の質が変わったときです。

『あなたが決心すわれば、行動が変わります。行動が変われば、習慣が変わります。あなたの習慣が変われば、心の質が変わります。そして…。心の質が変われば、あなたの運命が変ります』

筆者

改善 07

辛いことは、しないほうがいい

辛いことは、しないほうがいい。

逆説的なことを言って、ウケを狙っているわけではありません。私は、心底、そう感じているのです。〈辛い〉時間は不幸です、〈楽しい〉時間は幸せです。私が子どものころ、最高の楽しみはマンガを読むことでした。

5年生のときに、マンガの読み手から描き手になろうと決心しました。マンガを描き始めると、それまでにない〈楽しさ〉を感じました。それは、何もないところから、ものを産み出すクリエイティブな〈喜び〉でした。自分の能力が、進化向上していく〈喜び〉もありました。

そして20歳のとき、『週刊少年マガジン』の姉妹誌『週刊少女フレンド』で、デビューしました。最初は読み切りでしたが、すぐに連載を持てるようになりました。デビューしてからの、数年は楽しい!嬉しい!面白い!だけで、過ぎていきました。

ところが、雑誌には読者の人気投票があります。人気順位が下がるとページを減らされます。私の場合、徐々に人気が落ち、三年目に連載が打ち切りになりました。趣味でマンガを描いていたころは、自分が楽しいと思うものを自由に描けました。

ところが、漫画=仕事というレベルになると、それは許されませんでした。なんとしても読者にウケるものを描かなければ、仕事として成り立ちません。そこで、読者が求める楽しさは何か?ということを、模索しました。人気のあるマンガの共通点を分析しました。絵柄を真似しました。ブームに便乗して描きました。すると、なんとか連載の仕事をもらうことができました。それからというもの、読者の顔色を伺う作品ばかり描いていました。マンガを描くことが、辛くて、辛くてしょうがありませんでした。子どものころはマンガを描くことが、あんなに楽しかったのが嘘のようでした。

そんな気持ちで連載は長続きせず、次々と連載が打ち切られました。しまいには、編集部に持ち込みに行くことさえ拒否されました。やむを得ず、マイナーな出版社に持ち込みをしました。あとは、ジリ貧の一途でした。50歳のとき。マンガの仕事はゼロで借金は膨らみ、絶望的な状況に陥りました。

そんなとき、友人に「おかのさんはアイディアマンだから本を企画する仕事をしませんか？」と提案されたのです。本と言っても、活字だけの書籍の仕事です。「マンガとは関係ない仕事かあ…」と、小さな失望を感じました。でも、いろんなアイディアを考えることは元々大好きだったので、すぐに好奇心が湧いてきました。

依頼された企画は、5分で思いつきました。その企画書を、編集プロダクションに提出すると、即、採用。あっという間に出版されました。〈さくらももこ〉さんに、アイディアを提供させていただいた、『聖・まるこ伝』という本です。たった5分で作った企画書に、出版社から200万円という大金が支払われました。

借金まみれだった私にとっては、感謝しても感謝しきれない、出来事でした。マンガで200万円稼ぐためには、辛さと苦しさを嫌というほど、味わわなければなりません。ところが、企画を立てているとき、辛さをまったく感じませんでした。それどころか、子どものころ、夢中になってマンガを描いていたときのような楽しさがありました。おまけに、仕事として、とても大きな結果が出たのです。

そのとき、かつて、読んだり、聞いたりした、たくさんの尊敬する人たちの言葉が、私の頭の中で、ひとつの文章として、翻訳されました。

『あなたが、何かを求めたとき。そのプロセスが辛く、悪い結果が出たときには、「その道は違いますよ」と、神様が注意してくれているのです。あなたが、何かを求めたとき。そのプロセスが楽しく、良い結果が出たときには、「そう、あなたの進むべき道は、こちらです」と神様が手招きしてくれているのです』

「辛いことは、もうやめよう」心底、そう感じました。それ以降、なるべく楽しくでき良い結果が出る仕事を注意深く選ぶようにしました。その結果、私は現在、思ってもいなかった出版プロデューサーという仕事をしています。

たくさんの方に、アイディアを提供し、マンガの原作を含め100冊以上の本を出させていただいています。

マンガ家は、自分で望んだ仕事でした。それも、小学生のときに、決めた仕事です、動機に幼さがあったかもしれません。今の仕事は、神様が選んでくれた仕事だとも言えます、だから天職です。

あなたは、神様から、どんな手招きをされていますか？

『神様は、結果で、あなたの進むべき道を伝えてくれます』

著者

改善 08

ウツな気分をやわらげるには

トラブルがあり、それが原因で落ち込んでしまった。

それは、ウツではありません。健全な心の反応です、だから心配ご無用です時間が経てば、自然と回復します。

とくに、思い当たることもないのに、なぜか落ち込んでしまう。心に穴が空いたような漠然とした不安や、虚しさがある。これがウツ状態です。

こじらせてしまうと、生きているのが面倒くさくなってしまう。こうなると、立派なウツ病です。そこまで、行ってしまう前に、ウツ状態をやわらげる方法、…あるんです。

ウツで苦しんでいた、アメリカのある老婦人のエピソードです。

仮に、シャーリーと呼びましょう。シャーリーは、大金持ちで大邸宅に住んでいます。独り身ですが、メイドとコックが全ての世話をしてくれます。唯一、自分でするのは、庭ですみれの花を育てることです。なんの不自由もありません。体も丈夫です。

ところが、自分ほど不幸な人間はいないと、嘆いているのです。何の生き甲斐もなく、毎日が虚しいだけで、生きているのが辛いというのです。

シャーリーは、カウンセラーとして、評判の高いミルトン・エリクソンに助けを求めました。

エリクソン博士は、彼女の話を聞くと、次のような宿題を出しました。
1. あなたが通っている教会に属しているひとの名簿を手に入れること。
2. 誕生日が来たひとに、あなたが育てたすみれの鉢と、バースデーカードをプレゼントすること。
3. ただし、誰にも見られないように、こっそりとドアの前に置いてくること。
その宿題をやれば、きっとウツが治るというのです。シャーリーは、半信半疑のまま、その宿題をやることにしました。誰かの誕生日がくるたびに、すみれの鉢をこっそりとプレゼントしました。

数ヶ月過ぎたころから。「天使が、誕生日にすみれの鉢を、プレゼントしてくれる」と、街中で大騒ぎとなりました。

エリクソン博士、シャーリーにこう質問しました。

「いかがですか、まだ辛いですか？」「あら、そんなこと、すっかり忘れていましたわ！」

ウツ状態のひとは、例外なく、常に自分のことばかりに気を取られています。

それが、行き過ぎ、自家中毒を起こしてしいるのです。そんなときには、他人に気を向けるようにすると、ウツが軽減します。他人に気を向けているときには、自分に気を向けることから、離れることができるからです。これは、カウンセリングの有名な手法です。

その年のクリスマスの朝。

シャーリーの大邸宅のドアの前に、たくさんのプレゼントが置かれていました。名前は書いてありませんが、どれも心のこもったプレゼントばかりでした。

実は、あるひとが、すみれの送り主を、こっそりと突き止めていたのです。そこで、街中で相談し、シャーリーに、こっそりと、プレゼントを贈ることとしたというわけです。

シャーリーは、今まででいちばん素晴らしいクリスマスを迎え、心が幸せでいっぱいになりました。

私は、昔、ウツで苦しんだ時期があります。

通院もしていました。マンガの仕事がなくなり、落ち込んだのが原因です。そんなある日、このエピソードを知ったのです。その時から、ひとを喜ばせることを始めました。お金がないので、只で友人のマンガ家たちのアシスタントをしたり、アイデアを提供したりしました。

そんなことを、半年ほど続けていると、いつのまにかウツが消えていたのです。

もし、いま、ウツ状態で悩んでいらっしゃる方がいたら、ぜひ試してみてください。

『他人を幸福にするのは、香水をふりかけるようなものです。ふりかけるとき、あなたにも、数滴、香水がかかるのです』

ユダヤのことわざ

参考文献

『奇蹟は自分で起こす・幸せになる1ミリの法則』／鈴木秀子 著／海竜社

『ミルトン・エリクソンの心理療法セミナー』ジェフリー・K・ゼイク 著／成瀬 悟策・宮田 敬一 翻訳／星和書店

改善 09

不幸感を消すコツ

幸せの条件。

「もし、○○だったら、幸せになれるのに」と、条件をつける人がいます。

「もし、あの上司がいなくなれば、会社も楽しいのに・・・」と、A子さんはため息をつきます。

「もし、お給料が、1万円でも上がったら、幸せになれるのになあ」と、B子さんは不満です。

どちらも、今のままでは、幸せになれないというのです。

今、幸せになるためには、条件が必要だというのです。

なにかを〈引けば〉幸せになれる、なにかを〈足せば〉幸せになれる、という条件なのです。

A子さんの場合は、嫌な上司がいなくなればいい、という〈引き算〉の条件です。B子さんの場合は、給料が上がればいい、という〈足し算〉の条件です。

幸い、A子さんの上司、人事異動で、他の部署に移りました。A子さんの〈幸せの条件〉が整いました。

これで、やっと幸せになれるのです。

ところが、A子さん、ちっとも幸せを感じません。なんと、次の〈幸せの条件〉が出てきたのです。「もし、恋人がいたら、幸せなのになあ・・・」。

幸せになるために、条件をつけていると、切りがありません。〈幸せの条件〉がひとつ整えば、次の〈幸せの条件〉が現れてきます。

これでは、どこまでいっても、幸せを感じることはできません。

〈幸せの条件〉を、料理に例えます。

A子さんは、ディナーでイタリアンのお店に入り、ペペロンチーノを注文したそうです。でも、それだけでは、なんだか寂しい感じがしたといいます。

「ケーキも頼めば、幸せ！」そう思い、ケーキも注文しました。これで〈幸せの条件〉が整いました。

ところが、ペペロンチーノも、ケーキも、ちっとも美味しくないのです。

原因は、A子さんの胃の調子が、ずっと悪いことです。だから、食べた途端、胃がチクチク、ムカムカ。

素敵なディナーの条件は整っています。でも、A子さんの胃袋の条件が整っていないのです。

〈胃袋が健康という条件〉が整わなければ、どんな料理が出てきても、ムダなのです。

幸せを感じるコツ。

美味しさを感じるためには、まず、胃袋を治すことです。

幸せをかんじるためには、まず、〈自分の思い方〉を整えることです。

幸せはいつも、〈今〉〈ここ〉でしか、味わえません。料理と同じです。将来、「こうなったらいいなあ」という、夢は〈まぼろし〉です。〈まぼろし〉は、食べて味わうことはできません。

そして、心が未来にあると、〈今〉〈ここ〉にある幸せを感じることができません。〈足し算〉も〈引き算〉もしない、〈今の自分のまま〉で、感じられる幸せに気づくことです。それが幸せを味わうコツです。

A子さんが、「もし、あの上司がいなくなれば、会社も楽しいのに・・・」と、思う気持ちは当然です。その気持ちを、ムリになくす必要はありません。ムリになくそうとすれば、かえってストレスになります。

それよりも、今、あなたの気づかない、幸せに気づくことができれば、「今」に感謝することができます。

少なくとも、職場が嫌な環境でも、毎日そこへ通える健康な体調は、小さな幸せと言えるのではないでしょうか。

改善10 比較するということ

あなたの、お給料が今まで、手取り20万円だったとします。

あなたの、ふだんの仕事ぶりが認められ、今月から、25万円に昇級することを、上司から伝えられました。

あなたは、それを知った途端、いっぺんに心がバラ色になりました。

ところが・・・。同僚のA子さんは、27万円に昇級したという噂を耳にします。あなはた、それを知った途端、いっぺんに心がグレーになってしまいました。

比較することにより、せっかくの幸せ感が、いっぺんに消えてしまう。それどころか、理不尽な怒りが湧いてくる。嫉妬心で苦しみだす。

カウンセラーの小林正観さんが、幸福になるためにキーワードとして、『「き・く・あ」の法則』というものを、提唱しています。

「き」は、〝競わない〟。

「く」は、〝比べない〟。

「あ」は、〝争わない〟。

これを、まとめて、おぼえやすくしたのが、「き・く・あ」です。

『「き・く・あ」の法則』では、比較により、誰かに対して、競争意識を持ち、争ったりすると、不幸になるから、止めましょうと、説いています。

確かに、自分と人とを比較すると不幸になります自分より、幸福な人と比較すると、そこには、劣等感が生じます。

とはいえ、「比較をしてはいけない」と、わかっていても、比較してしまうのが、心というものです。心は、禁止や抑制では、コントロールできません。

では、どうしたらいいか。どうしても、比較してしまう人の、情報をなるべく聞かないようにすることです。嫉妬するくせに、相手のことを探りたくなってしまう。自分が傷つくと、わかっているのに、さらに情報をほじくりだしてしまう。それが、心の癖です。

比較することによって、心が傷つくのなら、この言葉を、意識してください。

「相手の情報を、これ以上ほじくりださないこと」。

消極的な手段ですが、悩みが確実に減ります。

比較はしないこと、それは、他人だけではありません。

あなた自身とも、比較しないことです。過去のあなたと、現在のあなたを比較しないことです。

今、病気だったら、健康な時のあなたと比較しないことです。

今、ビンボーだったら、お金持ちの時のあなたと〈比較〉しないことです。

ころっと変わります。

「比較をすると、幸福になります」

積極的に、比較をしましょう。あなたが、今、健康だったら、病気の時のあなたと比べてみてください。

「健康って、なんて快適なんだろう」と、今の幸せに感謝できます。

あなたが、今、お財布の中身に少し余裕があったら、ビンボーな時のあなたとと比べてみてください。

「お金の心配をしなくていいって、なんて気楽なんだろう」と、今の幸せを、再認識することができます。

さらに、ころっと変わります。

比較を使いこなすと、幸福になります。

〈比較をしてはいけない〉、〈比較をしよう〉どちらもありです。

比較は、今の自分を幸せにするための〈道具〉です、〈魔法の杖〉です。もし、比較することにより、不幸になるのなら、その比較は、しなければいいのです。

もし、比較することにより、幸福になるのなら、その比較は、ドンドンすればいいのです。その時の状況により、比較を使いこなせばいいのです。

その節操のなさに、他人があきれても、気にすることはありません。


『幸せは、なったもの勝ちです』　筆者

参考文献
『き・く・あ」の実践　今すぐ幸せになれる方法』小林正観 著／サンマーク

改善 11

あなたが、もし、雨女なら

旅行や、イベントなどで、人が集まったとき。

突然の雨。そんなとき、必ず、こんな人が出てきます。
「私って雨女なの。ごめんなさい
自虐とも、自慢とも取れる、その言葉の裏には、本人さえ気づいていない、こんな心の声があったりします。
「私って、ツイていない
「私って、みんなに、迷惑をかけることが多いの」

「私って、不幸タイプなの」

そんな、雨女を自認する人でも、今まで生きてきた日々。決して、365日、雨の日ばかりではなかったはずです。

〈晴れの日〉も、間違いなく合ったはずです。

〈曇りの日〉も、確かにあったはずです。

それなのに、何故、〈雨の日〉のことばかりを、記憶しているのでしょうか？〈雨の日〉のことばかりを、強調するのでしょうか。そこには、無意識に自分を守る、心の働きがあるのです。

「私は雨女だわ」

という思い込みが強くなることを、心理学では、「確証バイアス」と呼びます。

「確証バイアス」とは、強い先入観から、周りに起こる出来事を、自分の思い込みにあうものだけを、選びとって感じ取ることです。

そして、自分に都合の良い、出来事だけを記憶することです。本人は気づいていないのですが、事実を歪めて記憶しているのです。

歪んだ思い込みが、さらに強くなっていく、心の癖。それが「確証バイアス」です。

なぜ、自分に都合の良い、出来事だけを記憶するのでしょうか？

雨女になることによって、〈都合の良いこと〉とは、なんでしょうか？それは、「自分は、ツイていない、不幸だ」、という原因を、神さまに押し付けてしまったほうが、心が安定するからなのです。

もしかしたら、〈不幸の原因〉は、雨女さんの〈なまけ心〉かもしれません。でも、〈なまけ心〉を直すより、神さまのせいにしておいた方が、ずっと楽です。

もしかしたら、〈不幸の原因〉は、雨女さんの〈人間としての未熟さ〉かもしれません。でも、〈人間としての未熟さ〉を直すより、神さまのせいにしておいた方が、ずっと楽です。

雨女でいたほうが、都合がいいのです。

「だから、雨女は、いけません」。

などという、思い上がった気持ち、私にはまるでありません。

ムリにポジティブになる必要はありません。ムリな、ポジティブは、ストレスになります。

かえって心が不安定になります。

心が安定するならば、雨女も、幸せに生きるための、一つの智恵です。

自分が幸せを感じるのなら、雨女でも、晴れ女でも、何でもありだと思います。

ただ、こういう、心の裏技的な働きに気がついていることが大切です。

それが、わかっていれば、自分にとって、より、都合のいい方法を、自分で意識して選べるようになるはずです。

これは、雨女さんに、限ったことではありません。

自分はくじ運が悪い、と思っているひと。そして、それを公言しているひと。自分はツイていない、と思っているひと。自分はドジだ、と思っているひと。

そんなひとたちも、この心の裏技に気がついていれば、自分の人生を、より良く、コントロールしやすくなります。

雨女でも、晴れ女でも、自分の心が安定し、幸せを感じることができるのなら、何でもありです。

そして。


『もし、あなたが雨女なら。

「幸せな雨女になる」、という方法もあるんです』

筆者

改善12 いい人をやめませんか

あなたの悩みは、何ですか？

健康の問題で、悩んでいる人がいます。お金の問題で、悩んでいる人がいます。

そして、なんといっても、一番多い悩みが、〈人間関係〉の悩みです。知人のU子さんの、お話です。

U子さん、人間関係の、悩みを減らすためには、「出来るだけ周りの人と、波風を立てないようにしよう」と思いました。

だから、人から嫌われないように、いつも穏やかにしていました。人から、反感をかわないように、生意気な態度をとらないよう、気をつけました。人から、責められないように、できる限り慎重に行動しました。

そして、いきついたのが、〈いい人〉です。

〈いい人〉になっていれば、とりあえず安全です。U子さん、そんな思いから、ずっと、いい人になることを、こころがけて生きてきました。

それに、周りから〈いい人〉と言われると、正直、悪い気持ちはしません。

年を経るごとに、〈いい人〉モードが、強くなっていきました。

U子さん、うつ病と、診断されました。

U子さんが、30才のころです。職場では、責任のあるポジションについています。上司と部下の板挟みになり、毎日ストレスだらけです。プライベートでは、一人暮らしなので、どこかでいつも緊張しています。

そんな状況の中、U子さんは、一生懸命、生きてきました。

ところがある日。そんな、何もかもが、嫌になってしまったのです。一生懸命生きることが、無意味に思えてきたのです。

不眠になりました。何を食べても、砂を噛んでいるようです、味を感じないのです。ただただ、倦怠感に襲われ、横になりたくなります。なんの意欲もわきません。

その様子を心配した上司から、心療内科へ行くことを勧められました。そして、U子さん、うつ病と、診断されたのです。

カウンセラーは、初老の上品な女性でした。

仮に、矢吹先生としておきます。何度目かの、カウンセリングの時です。矢吹先生は、U子さんを慈しむように、静かに、こんな質問をしました。

「U子さん、あなたは、〈いい人〉ですか？」

「人には迷惑をかけていないし、悪いことをした覚えもありません。どちらかといえば、私は〈いい人〉に入ると思います」

矢吹先生は、ゆっくりと、うなずきながら、次の質問をします。

「U子さん、あなたは、〈いい人〉ですか？それとも、〈いい人〉と思われたいのですか？」

この質問を聞いた瞬間、U子さんの中で、何かが弾けました。

「矢吹先生、そのとおりです！私〈いい人〉というよりも、〈いい人〉と思われたかったんです！」

それまでのU子さん、〈いい人〉を一生懸命やってきて、心身ともに、疲れ果ててしまったのです。
それが、うつ病の原因でした。
U子さん、それに、気がついた途端、気がとても楽になりました。うつ病も全快しました。
〈いい人〉をやめたU子さん、それからというもの、のびのびキャラに変わりました。

〈いい人〉を目指すと、とても生きづらくなります。

人の目を気にしていたら、やりたいこともできません。なりたいものにもなれません。しまいには、身動きが取れなくなってしまいます。
〈いい人〉をやめると、その日から、生きるのがとても楽になります。

『「いい人」をやめると楽になる』

曽野 綾子

参考文献
『「いい人」をやめると楽になる』曽野 綾子 著／祥伝社黄金文庫

改善 13
心配性のあなたへ

心配性で、すぐに、不安になるあなた。

それって、心の働きから見ると、とても健全なことです。心配性の、ねこちゃんや、わんちゃんはいません。なんと、心配性って、ヒトだけが持っている、特別な才能なのです。

でも、心配性の度が過ぎると、いつも不安感があったり、落ち込んだり、すぐに心が暗くなったりして、やっかいです。

ご安心ください、心配性を軽減する方法、あるんです。

その前に、順序として、ヒトが心配性になったわけを、お話します。

ヒトが心配性になったわけ。

ヒトの心は、放っておくと、何か心配することを、勝手に探し出します。この働き、なんと、私たちの遺伝子（DNA）に、しっかりと組み込まれているのです。

原始時代、心配性は、当時の人々が厳しい環境を生き抜くための、素晴らしい武器だったのです。

彼らにとって、一番切実な問題は、食べ物の確保でした。食べ物がなければ、即、飢え死にです。だから、食べ物のことで、いつもいつも、心配していたのです。

動物さんたちは、せいぜい、冬ごもりの木の実しか貯め込みません。その程度の心配です。

ところが、人類は10年先の食糧まで貯め込むほどの、心配性なのです。その心配性のお陰で、狩猟生活から、農耕生活へと進歩し、現在まで生き延びてきたのです。

心配性だからこそ、人類は、ここまで繁栄できたのです。

だから、あなたの心配性は、ヒトとして、とても健全なことなのです。

さて、心配性を軽減する方法です。

それは、〈自分で自分を誉めてあげる〉ことです。

わんちゃんは、飼い主さんに誉められると、大喜びします。

私も人から誉められると、とても気分が良くなります。それが、たとえ、お世辞や、おだてであっても、まる一日元気でいられます。

とはいえ、他人が、あなたの都合に合わせて、誉めてくれることは、まずあり得ません。だったら、自分で自分を、誉めてあげればいいんです。自分で自分を、元気づけてあげればいいんです。自分で自分を、励ましてあげればいいんです。

やり方はこうです。

〈誰かに褒められたこと〉を思い出して、味わってください。

〈誰かに感謝されたこと〉を思い出して、味わってください。

だんだん嬉しくなって、元気が湧いてきます。この方法は〈客観的に自分を誉める〉ので、自惚れやさんになることはありません。

友人のA子さん。

こんな、〈自分誉め〉をしているそうです。

A子さんの、パソコン。メールボックスの中に、『殿堂入りメール』という欄があります。

『殿堂入りメール』の中には、それまで来たメールの中から、A子さんを、〈誉めてくれたメール〉、〈励ましてくれたメール〉、〈感謝してくれたメール〉、だけを厳選して、保存してあります。

気分が落ち込んだとき、この『殿堂入りメール』を開いて、一分間ほど読んでいると、驚くほど元気が回復するそうです。

あなたも、『殿堂入りメール』ボックスを、作ってみてはいかがでしょうか。

『心は花と同じです。
ほおっておくと、しおれます。
新鮮な水をあげると、生き生きと輝きだします』

筆者

新鮮な水とは、あなたを自分で、誉めたり、励ましたりすることです。

改善14 友だちがいなくて、寂しいのなら

イラストレーターの、K子さん。

友だちがいないことが、大きな悩みでした。それが、あることをきっかけに、友だちがいっぺんに増えたというのです。

その、きっかけとは……。

K子さん、とても、引っ込み思案な性格です。

だから、自分から、積極的に友だちを作れません。そのくせ、友だちがいないことが、寂しくてたまりません。おしゃべりできる友だちが、欲しくてたまりませんでした。

ある日、出版関係の人が集まる会のお知らせが、メールに入っていました。「イラストの仕事

につながるかもしれないわ」と、K子さん、営業を兼ねて出席することにしました。

ところK子さん、出かける日の朝、ちょっとした事件が起きました。布団をあげているとき、うっかりメガネを踏んでしまったのです。片方のレンズがはずれ、使いモノになりません。やむをえず、以前使用していた、ちょっと度の合わないメガネをかけて出かけました。

会場へ行くと、30人ほどの男女が集まっていました。

特に、講師が決まっているわけではなく、お話したい人が、前に出て自由にしゃべるというスタイルでした。

K子さんは、その会では、リーダー的なM子さんという人のおしゃべりに、心を奪われました。M子さん、自分の考えをキチンと主張するのですが、押し付けがましさや、上から目線的な嫌みがまったくありません。とても、さわやかで、なんとも好ましいタイプなのです。

自分にはない、M子さんの人間性に、憬れのようなものを感じました。「もし、M子さんと、お友だちになれたら、素敵だなあ・・・」と、心の中で思いました。

残念なのは、メガネの度が合わないので、M子さんの顔がぼやけてよく見えないことです。だから、一生懸命に目を凝らして、M子さんの話を聞きました。

会が終了後、K子さんが帰ろうとした時、「少し、お話しできませんか?」と、笑顔で声をかけてくる人がいました。声の主は、なんとM子さんでした。

それがきっかけで、その後、M子さんと友だちになることができたのです。

M子さんと、気心を許せる友だちになると、ずっと疑問に思っていたことを聞いてみました。

「あのとき、なんで私に声をかけてくれたの?」

「K子さんが、一生懸命に私の話を聞いてくれていたからよ。目を見開いて私を見ていたから、それをビンビン感じたわ。人は、自分に誠実な関心を持ってくれる人を好きになるのよ」

K子さん、M子さんと友だちになれたのは、度の合わないメガネのお陰だと、そのとき初めて知りました。

まさに、怪我の功名です。K子さんにとって、〈人は、自分に誠実な関心を持ってくれる人を好きになるのよ〉という、M子さんの言葉は、友だちを増やす魔法の呪文となりました。

口べたでも、内気でも、相手に誠実な関心を持てば、その気持ちは必ず相手に伝わります。

大切なのは、〈誠実な関心〉です。興味本位、覗き趣味的な、ただの関心では、人の心を捉えることはできません。

〈誠実な関心〉こそが、相手の心を開くのです。

〈誠実な関心〉こそが、相手の心に伝わるのです。

『人は、自分に誠実な関心を寄せてくれる人に、関心を寄せる』

D・カーネギー

この言葉、友だちを作る、魔法の呪文です。ぜひ、お試しください。

参考文献

『人を動かす』D・カーネギー 著／創元社

2章

稲垣凛花

毎日が輝き出す、心質改善

改善 01

華のある人

稲垣凛花

女性だったらだれもが憧れますよね。「華」のある人。

その人がいるだけでその場がぱっと明るくなる、視線が集まる、そんな人。羨ましくありませんか？

私は物心がついた頃から、太っちょさんで目が細く、哀しいほど自分の容姿に自信がない子どもでした。そして、いつの頃からか、気がつけばきれいな人、素敵な人をみつけては、そういう人たちをじっと観察するようなっていました。

「この人たちは、どうしてこんなに素敵なんだろう？　なにが他の人と違うんだろう？」

そんな視点でいつも見ていたのです。その蓄積が今や、仕事のベースとなっているのですから不思議なものです。コンプレックスは、ときにこうして「武器」となることもあるようです。

そして大人になり、ライターとして多くの著名人を取材する仕事につくようになってからは、ますますその傾向が強くなりました。取材される人というのは、大抵なにかを成し遂げた人か、突出したなにかを持っている人です。そういう人たちは例外なく「華」がありました。次第に『「華」とはなんだろう？』そんなことを考えるようになりました。

「華」ってなんだろう？

さて、その「華のある人」ですが、ここが重要なところで、「華のある人」＝「美形」とは決して限りません。また、「華のある人」と「派手な人」は違います。人はだれでも、着るもの、身につけるもののひとつで「華やかさ」をプラスすることはできます。自分に似合う色と形を知って、ちょっと上質なものを身につければいいのです。それは手法に過ぎず、簡単にできてしまいます。

ですが、私たちが本当に欲しいのは、その人から薫り立つような「華」ではないでしょうか。それは外見を変えるだけでは生まれません。

実は以前、エッセイストである光野桃さんの講演会に参加したとき、

「華のある人には、どうしたらなれますか？」

と伺ったことがあります。そのとき、光野さんは
「『華』とは『自分を開いていること』だと思う」

と答えてくださいました。

私は膝を打ちました。なるほど。

そういえば、「華がある人」はよく笑います。声も大きい。動作も大きい。よく笑うから場が華やぐ、とも言えます。それらは確かに心を開いていないとできません。

では、「心を開く」って、どうすればいいのでしょう?

これがまた難しいのですが、よくよく考えると、自分をつくろうことをやめたとき、真に心は開き出すような気がします。

自分が達成したいこと、克服したいこと、乗り越えて得たいものなどに向かってトライ&エラーを繰り返しながら、「やっと、できた!」「やっぱり、自分はこれでいいんだ!」「自分はこれだけやってきたのだから、もう大丈夫!」というように、どこか自分にOKを出せたとき、人はつくろうことをやめ、本人も気づかないまま「華」が少しずつ薫り始めるのだと思います。

そしてそこに、人からの賞賛が重なったとき、「オーラ」というものが放たれていくのではないでしょうか。

いっぱいの失敗と、小さな成功の積み重ねから宿る「自信」が「華」を生むのです。だからこそ、「華」がある人にはどこか「強さ」や「根性」というものを感じるのではないでしょうか。

派手な人ではなく、秘めて匂い立つ、そんな華のある人になりたいものですね。

『「華」とは

「自分を開いていること」だと思う』

光野桃

参考資料

光野桃氏／庭のホテル主催「きれい講座」光野桃ファッションセミナー～おしゃれ幸福論～より

改善02

幸せそうに歩んでいる女性の共通点

「成功する」「夢を叶える」そんな言葉が、書店に並ぶビジネス書には溢れています。

そこには大抵、1年後、3年後、5年後、10年後を見据えて、今をどうすべきかを考えよ、と書かれています。

確かに、夢を実現するためには、計画性を持って進めていくことが必要でしょう。でも、これはとても男性的な発想で、女性には当てはまらないことの方が多いような気がします。女性の歩む道は、そんなに先を読みながら、真っすぐ進めるようなものではないからです。

例えば女性は、20代、30代、40代の間に結婚をするかしないか、出産をするかしないかの選択をどうしても迫られます。男性と違って、出産のタイムリミットというのは女性の人生を考える上で非常に大きな部分を占めるからです。折角、積み上げてきたキャリアと出産時期のバランスは悩みどころ。まだまだやりたいことも、しなければならないこともたくさんある中、このまま走り続けていていいのだろうか、という迷いは常にあります。しかも、結婚も出産も相手がいて初めて成り立つもの。そうそう計画通りにはいきません。

このタイミングで、なぜ、転勤？

このタイミングで、なぜ、プロポーズ？

このタイミングで、なぜ、妊娠？

今、子どもが欲しいのに、なぜ、妊娠できない？

……なかなか、思い描く通りに進まない。そう思ったこと、ありますよね？

また、子どもを授かれば、計画性とはもっと真逆の日々。「絶対に明日は休めない」という日に限って子どもは熱を出したりするものですよね。思いもよらないハプニングの連続の中で、子育と仕事の両立に悩み、それを乗り越えて行く中で、我々女性は強くなり、しなやかに生きる術を体得していきます。私自身も20代後半からは、立ち止まり、立ち止まり、「今、何を最も優先すべきか」を自らに問い続けて歩んできたように思います。

もちろん、仕事一筋で生きて行く、という道を自ら選んだとしても、様々な迷いや葛藤はそう簡単に心の中から消えないものです。どんなに颯爽と我が道を歩んでいるように見える人でも、また、どんなに優雅そうにしている人でも、心の奥底に沈めた迷いが時々浮き上がってきては不安になり、白鳥のように水面下の足はバタバタ必死なものではないでしょうか。

「納得する力」が大事

そんな中、「いいお顔をされているな」「夢を叶えておられて素敵だな」「充実した日々を送っておられな」そんな風に見受けられる女性には、ある共通点があることに気づきました。それは、自分の今ある状況を他人のせいにせず、自分の選択によって今がある、と「納得する力」のようなものです。

例えば、「子育てを優先する」と自分で決めて、キャリア重視の生活から離れた日々を送っていたとします。そのとき、「やっぱりこれで本当に良かったのかなぁ……」と元職場の友人などを見て焦る気持ちを持つのが多くの人です。でも、「今は何よりも子どもといる時間を大切にしたい」「専業主婦である時間を楽しめて幸せ」と心から思えるかどうか。その「心から思える力」が、大事なのだと思います。

また、「仕事がなかなか思う様に進まない」という現状であっても、「今は成し遂げたいことに向かって試行錯誤している段階である」と思って淡々とことに立ち向かっていけるどうか。自分で決めたことを、自分で守ることが自分への信頼となり、それがやがて次のステップへ行くときの力となるのです。

一見、受け身になりがちな女性の人生ですが、分岐点のたびに心から自分が納得をして選択していれば、それは自分自身が主体的に選びとった人生と言えるでしょう。目の前で起きている現実は変えられませんが、どう捉えるかは自分次第。自分の心一つで見えるものが変わる、それがわかっている女性は、とても輝いています。

改善 03

誰でもできること、こそ、キチンとする

「わたし」にしかできないこと……

私は20代後半から30代半ばまで、「私が本当にやりたい仕事は、これなんだろうか?」「自分にしかできないことって、なんだろう?」そんなことを、いつも考えていました。

目の前の仕事がすごく嫌なわけではありません。「活躍している女性」の記事などを読んでは、羨ましさと、なんとも言えない焦りのようなものを感じていました。そのくせ、自分が他の人よりも突出した「何か」をもっているわけではないことも、ちゃんとわかっていました。だから努力しなくちゃ、頑張らなくちゃ、とあれこれ動いてみるのですが、いつもどこか空回りをしている。そんな日々を結構長い間、送っていました。

ある日、20年以上の付き合いが続いている親友と、こんな会話をしたことがありました。

「Aちゃんは、どうして専業主婦をしているの？　その才能を活かさないなんて、もったいない。Aちゃんしかできないことがきっとあると思うよ」と、私はその親友に言ったのです。

実はそのAちゃん、日本中の誰もが知っている有名国立大学の法学部に現役合格し、その後、国内メガバンクに総合職で就職。在職中は花形部門で活躍し、またその可憐な美しさから、その銀行のマスコットガールとして新聞広告のモデルとしても起用されたこともある人なのです。しかも、細やかな気遣いができる上に驕りというものが全くない、まさに誰もが認める才色兼備。これまでに「神様は不公平だ！」と思ったことは数知れずです。

そんな彼女は、結婚を機にあっさり銀行を退職したかと思うと、ご主人の転勤でロシアへ。たった1年半のロシア滞在期間中にロシア語を完全にマスターし、今は依頼があればロシア語の通訳をするくらいで、旦那さんと二人暮らしで専業主婦をしています。

そんな彼女が、私の「もったいない！」発言に対して送ってきたのが、次のようなメールでした。

「私しかできないことがある、と言ってくれてありがとう。だけど、『わたし』にしかでないことなんて、特にないと思う。『わたし』にできることは他の人にもできるし、他の人にできることは、たぶん『わたし』にもできるんだと思う。『わたし』じゃなくてもできるけど、心から良いと思うこと、誰かの役に立つと思うことだから、『わたし』もやるわ、それでいいんじゃないかと思っているんだけど。どうかなぁ？

世の中で、『個性』『わたしだからできること』『わたしにしかできないこと』を見つけよう、そんなことを強調されることが、この頃とても多いように見受けられるけど、それってしんどいと思わない？　裏を返せば、『個性』とか『わたしならではの売り』がなければ、この世で大事にしてもらえないような切迫観念がはびこっていて、その結果ウツになってしまったり、面倒なものに絡め取られることが増えているんじゃないかな。そのわりに、誰でもできることを、キチンとやっている人は案外少ない気がするのよね」

誰でもできることを、キチンとやる人は少ない

この「誰でもできることをキチンとやっている人は少ない」のひと言は、私の胸にズシンと響きました。確かに……。

当たり前のことを大切にしているだろうか。いただいた仕事に対して、ちゃんと誠実に結果を出せているだろうか。そう振り返るきっかけとなりました。そしてこれまで、遠くのキラキラしていそうなものばかり見ていて、足元をちゃんと見ていなかったことに気づいたのです。

それから、メールの返事ひとつ、電話1本、約束を守る、期日より先に提出する、下調べを丹念にする、知ったかぶりをしない。そんな社会人1年生の心得のようなことを、もう一度大切にするようになりました。曲がりなりにも私が今、こうして独り立ちして仕事を続けていられるのは、あのときの親友の一言があったからだと思っています。不思議なほど、漠然とした「焦り」や「不安」もなくなりました。

私が尊敬してやまない、『暮らしの手帖』の編集長であり、エッセイストの松浦弥太郎さんも、こんな風におっしゃっています。

「毎日、ドラマティックで面白いことが起きるなど、幻想に過ぎません。毎日、変わらない当たり前の仕事をずっと継続することが、自分の仕事のクオリティーを高める唯一の方法です」と。

自分の仕事のクオリティーを高めてこそ、自分の「したい」仕事ができる機会に恵まれるもの。そのためには、誰でもできることをキチンとやる。それが大事。そしてその積み重ねがいつかチャンスを運んでくれる、と、今ならわかります。

参考文献
『考え方のコツ』松浦弥太郎 著／朝日新聞出版

改善 04
心がときめくものを、身につける

服選びは、その人の生き方を映し出している

みなさんは、洋服を選ぶとき、どんなことを基準にされていますか？色、柄、流行、着心地、お値段、無難なもの……いろいろありますね。「どんな服を着るか」は、その人の生き方と直結している、と私は思っています。

おしゃれである、センスがいい、そんなことよりも、几帳面でものごとを順序だてて進めないと気がすまない人が、アイロンのかかっていないヨレヨレのシャツを着ることはありません。また、想像の翼を働かせてクリエイティブなチャレンジを続ける芸術家が、他の人と違う個性的な服を選んだりするのは、なんとなくわかりますよね。自然と調和する暮らしを重視する人が、身体のラインを強調する服ではなく、やさしく身体を包んでくれるようなものを選ぶよう

に、なにを着るか、そこには自ずとその人の思考や行動が映しだされていくものなのです。

とはいっても、例えば組織の中の一員として働く30代、40代の女性は自分の好みで服を選びたいと思っても、それぞれの立場や職場環境で着れるものが制限されることも多く、「服にその人の生き方が反映されている、なんて言われても困るわ」という声も聞こえてきそうです。ついつい、紺・黒・グレーのようなベーシックな色のものばかりを着ているうちに、本当に自分に似合うものがわからなくなってきた、という方も多いことでしょう。

私はイメージコンサルタントとして講演会などでお話をさせていただくとき、どういうものがご自身の「顔立ち」や「スタイル」を引き立ててくれるのか、まずはそれを知ってくださいといつもお伝えしています。どんな色を着たときに自分の顔色が良く映るのか、はたまた顔色が悪く見えてしまうのか。鏡の前で様々な色の洋服や布を当ててチェックしてみましょう。たかが色、たかが形、されど色、されど形なのです。

例えば映画やドラマなどでは、俳優さんが画面に映ったその瞬間に、その人物の立ち位置や状況を視聴者にわかってもらう必要があります。なので制作サイドは、その人物が幸せな人生を歩んでいるように見せたければ、その俳優さんに似合う色を身につけさせます。また、不幸である状況を暗に伝えたいのであれば、その俳優さんの顔色を悪く見せる色、サイズがあっていないダボダボの服を身につけさせ、覇気がない印象をつくり出していきます。ならば、われわれ一般人は自分に似合う色、似合わない色を把握しておいて、普段から似合う色、きちんと身体のサイズにあったものを身につけるようにしておけばいいですよね。

ちなみに似合う色というのは、その人その人によって違い、髪の色、目の色、肌の色から決まっていきます。ご自身でわかりにくければ、プロの力を借りてもいいですし、お友達やご家族に「どれが似合う？」なんて素直に聞いてみるのもよいと思います。

そして、自分に似合うものを知った上で、服を選ぶときにもう一つ、とても大切なことがあります。それは、その洋服に「心がときめくかどうか」です。「これがあると便利」「着回せそう」「お得！」ではなく、「これが好き！」「これを着てみたい！」「なんだかワクワクする！」を判断基準とするのです。「本当に心ときめいたものしか買わない」と決めるだけで、驚くほど余計な買い物をしなくなります。そしてクローゼットの中もどんどんスッキリしていきます。ちなみに私は、高額なものにときめいてしまったとき、一晩寝て、朝、目覚めても「欲しい！」の気持ちが変わらなければ購入する、というルールを自分の中で決めています。

「好き」→「よく着る」→「着こなす」→「更に似合う」→「褒められる」→「もっと好きになる」という循環が、あなたの「スタイル」をつくっていくのだと思います。

運勢を変えるのは、今日、何を着るか。

そして最後に、ぜひご紹介したい、私の大好きなコピーがあります。

『運勢は、生まれた日より選んだ服で変わると思う』

これはコピーライター・尾形真理子さんがルミネの広告用に書かれたものです。「運命」と書かれていたら、それはちょっと違う気がしますが、「運勢」は、確かに心の持ちようや、その人の発しているエネルギーで変わっていくような気がします。思わずご機嫌になる、そんな洋服を日々着るようにしましょう！

いいエネルギーを自ら発していれば、出逢う人が変わっていきます。出逢う人が変われば、見える世界が変わっていきます。あなたの気持ちをアップしてくれ、あなたの表情を輝かせてくれる、そんな心ときめく一着で、今日も出かけてみませんか？

参考資料

CM『ルミネ』／尾形真理子

改善 05

「すみません」より「ありがとうございます」を先に

「すみません」は自信の無さから出てくる言葉。

毎年、出版社に勤めていた頃の先輩が誕生日にお花を送ってくださいます。今年はダリアのアレンジメント。微妙に色の違う茶とオレンジのグラデーションでまとめられたダリアは、実にエレガントでそのセンスの良さにいつも脱帽です。どんな花を選ぶか、どんな花が好きかは、その人の美意識だけでなく、生き方までも映し出しているような気がいつもするのですが、いかがでしょうか？

さて、その先輩から入社して半年後に言われた言葉が、今も私の宝物となっていますので、ご紹介したいと思います。

「あなたは、すぐに『すみません』って言うよね。

そういう言葉を簡単に使うのはよくない。
その言葉の前に、言うべきことがあるんじゃない？」

確かにその頃の私は、仕事のチェックをお願いするときも、「あの・・・すみません」が、先輩への第一声であり、お茶を入れていただいても、「あっ、すみません」がお礼代わりで、床に落としたものを拾っていただいても「すみません」といった具合でした。

あの頃は、自分に自信がなくて、いつもどこかおどおどしていました。

「すみません」という言葉は、今思えば、脆い自分を外から防御する「鎧」のようなものだったと思います。

誰にも責められてもいないのに、いつも自分から先に謝っていたのですから。

先輩にそのことを指摘された時は衝撃的でした。自分ではそんなことを全く自覚しておらず、当たり前のように「すみません」を使っていたのです。それから強く自分で意識して、「すみません」より、まず、「ありがとうございます」を先に言うようにしました。

誰かになにかをしてもらったら、

「ありがとうございます。　お手数をおかけしました」

「ありがとうございます。　お世話になりました」

「ありがとうございます。　ご面倒をおかけしました」

というように。

そして、「ありがとうございます」という言葉は、発する自分も自然と笑顔になり、受け取ってくださる方も笑顔にする。そんな力があることにも、あらためて気づきました。ちなみに、「すみません」といいながら、笑顔をつくることって、絶対にできないものなんですよね。笑顔は心に咲く花。自分と相手の間にある垣根を一瞬にして取り払ってくれます。また笑顔を向けられて嫌な気分になる人はいません。

とにかく相手が上司であっても、まずは「ありがとうございます」と言ってみませんか。それが難しいときは、もう一つの魔法の言葉、「恐れ入ります」もおすすめです。実は「恐れ入ります」こそ万能の言葉で、どなたかにドアをあけていただいても、順番を先に譲っていただいたときも、お茶を入れていただいたときも、なにか人にしていただいたとき、一番スマートに、品よく、相手に感謝の気持ちが伝わります。

あの時の先輩のひと言をきっかけに、おどおどしてばかりいた私が徐々に変わっていきました。

今の私を知っている人は、こんな話しをすると、「それ、誰のこと?」と笑う人がきっといっぱいいると思います。気がつけば、「いつも元気だよね」「いつもチャレンジャーだね」なんて言われるようになっていたのですから、自分でもびっくりです。

「言葉がその人をつくる。
言葉がその人を変えていく。」

これは本当です。自分の発する言葉を一番聴いているのは自分です。
ぜひ、「すみません」より先に「ありがとうございます」を。

改善06

心やすまる本を1冊

どうしても心がざわざわ、穏やかな気持ちになれない夜、あなたはどうしていますか？

アロマを使ってみたり、好きな音楽を聴いたり、誰かに電話をかけたり……。私はそんなとき、穏やかでいられない原因を突き詰めて考えるのをやめ、お気に入りの本を手にするようにしています。その日の気分でパラパラと開いたページに、思いがけないヒントが書かれていたりして、その偶然に救われることもしばしばです。あなたには、ホットミルクのようにやさしく心を温めてくれる1冊がありますか？

ちなみに私のお気に入りの1冊は、星野道夫さんの『旅をする木』（文春文庫）です。幼かった頃、お気に入りのぬいぐるみと一緒にいると安心していられたように、今はこの文庫本がべットサイドにいつもあり、遠くへでかけるときはトランクにしのばせたりしています。

星野さんといえば、アラスカの大自然、動物達を収めた写真家として有名ですが、素晴らしいエッセイもたくさん遺されています。私は星野さんという人の「視点」がとても好きで、彼がカメラで切り取ったその瞬間瞬間に宿っているもの、綴られた文章に、人としての大きさ、深くてやさしい眼差しを感じ、いつも慰められています。

例えば、もうすっかり暗記する程読み返した『旅をする木』からの一節。

「人間の気持ちとは可笑しいものですね。どうしようもなく些細な日常に左右されている一方で、風の感触や初夏の気配で、こんなにも豊かになれるのですから。人の心は、深くて、そして不思議なほど浅いのだと思います。きっと、その浅さで、人は生きてゆけるのでしょう」

こんなメッセージが下を向いた私の心にやさしく響き、きっと明日は大丈夫、そんな気持ちにさせてくれるのです。

「どんな本が好き？」とたずねてみませんか。

もし、あなたが「心休まる1冊」にまだ出逢っていなかったとしたら、あなたの大好きな人、尊敬している人、憧れている人にたずねてみることをおすすめします。

「どんな本が好きですか？」
「子どもの頃、どんな本にワクワクしましたか？」
「最近、どんな本を読まれましたか？」
って、聞いてみてください。

そんな会話もドキドキ幸せな時間。そして、教えてもらったその1冊には、思いがけない二人の共通点があったり、その人の意外な一面に触れられることもあると思います。そう、きっとそこには素敵な発見と出逢いがあるはずです。

また、画家であり絵本作家でもある安野光雅さんも、ある本の対談の中でこんな風に話されています。

『即興詩人』を私は暗記しておりましてね。（中略）無人島に行く時はこれを持っていく。大地震がおこったこともこれを持っていく。大地震がおこって、たいへんに苦しいときもこれを読んでいれば、心が休まる。そういうありがたい本です。」

森鴎外が訳したアンデルセンの『即興詩人』。安野さんは、その波乱万丈の恋物語と言葉の美しさに魅せられて、画文集も出されています。

暗記するほど大切な1冊から、その人の心の奥底に宿している大切なものが透けて見えてきたりします。

誰の心にも宿る厄介な感情。不安、嫉妬、焦り、孤独感……。それらを心にそっと内包しつつ、静かに好きな本を読みながら過ごす夜。そんな時間を重ねていくことが、私たちを少しずつ大人にしてくれる気がします。

参考文献

『人生に大切なことは、すべて絵本から教わった』末森千枝子 著／現代企画室

改善 07

幸運体質になろう！

成功者に共通していることは三つ。

これまでに多くの成功者にインタビューをしてきましたが、なにかを成し遂げてきた人、抜きん出た成果を上げた人、尊敬されるべきなにかをしてきた人たちには共通していることが三つあると思っています。

まず一つめ、そういう人たちは必ず、「私は、運が良かったんです」「人に恵まれました」とおっしゃいます。その確率は90％ぐらいでしょうか。そして二つめ。そういう人たちほど、お茶を出して下さる方、運転手の方などに、丁寧にお礼をおっしゃいます。

「タクシーの運転手さんに偉そうにものを言う人は、数年後に表舞台から消えていく」

これは、私の中にある確固たるセオリーです。

そして三つめです。それは瞳の奥に宿る「強さ」「信念」というようなものです。どんなに柔和そうであっても、どんなによれよれの服をお召しになっていても、どんなに背中が曲がっておられても、ふとしたときに感じるその怖い程の目力にはっとします。まっすぐこちらをみつめられたとき、やっぱりこの人は違う、と感じるものです。これだけは、それまでの人生経験の積み重ねによるもので、どんなに外見を繕っても、磨いても敵わないところです。目は口ほどに物を言うとは、よく言ったものだとつくづく思います。私自身、若かった頃は、そういう人たちの前で目線をキョロキョロさせない、それだけで精一杯でした。

さて、そのいわゆる成功者とよばれる人たちが、本当に他の人より群を抜いて運が良かったのかというと、どうもそうではなさそうです。お話を伺っていると、「とても私には乗り越えられない！」と思うようなことを体験されていたりします。世の中には運がいい人と運が悪い人がいる、というより、もしかしたら、自分は運がいいと思える人と、思えない人がいるだけなのかもしれません。また、特にその成功者とよばれる人たちは、人生に起きるハプニングに向き合う力や姿勢、意味付ける力が、他の人と少しずつ違うのだと思います。何かが起きたときに人のせいにしないこと。うまくやることより、全力でやること。なにごともチャレンジの機会ととらえる未来志向。そんなものが根付いている気がします。

「ツイていると思うからツイている」

以前、取材をさせていただいた、ブリキのおもちゃコレクターの第一人者として世界的に知られる北原照久氏は、まさにこのような方でした。

「僕の運は自らたぐり寄せてきたという実感があります。もちろん、人生の転機が訪れるまでには、様々な葛藤が降り積もる時間が必要でした。でもね、人は成功するからワクワクするのではなく、ワクワクするから成功するのです。ワクワクすることを仕事とし、ワクワクする生き方を重ねてきたのですからツイてくるはずです。（中略）　あのときあの人と出会ったからこれができた。あの人がやろうって言ってくれたからこれができた。ある朝、本当に目から鱗が落ちたみたいに、『わかった！　僕はいつもツイてるって思うからツイてるんだ！』って気づいたんです」

これは、心理学用語で「プラシーボ効果」といい、簡単にいうと「思い込み効果」です。

私も実に単純な性格ですので、北原さんとお目にかかってからは、どんなことがあっても、「私はツイている」「自分は運がいい」と、とにかく思い込むようにしました。自称「幸運体質」。

ですから、なにかトラブルがあったら、「すんなりことが運ばないのには、さっと意味がある」と思うようにしています。そうすると「どう対処するか」に意識が集中するので、恐怖心がなくなり、冷静でいられます。冷静に対処すると大抵のことはうまく運びます。そして「あのトラブルが全体を見直す良いきっかけになった」なんて思え、良い結果に繋がっていくのです。

こういうことの積み重ねが、きっと人生の道のりをゆっくりと、そして確実にわけていくのだと思います。

「幸運体質」は、持って生まれたものではありません。後天的に、あなた次第でいつでもなれるのです。

参考文献

『北原輝久 夢をかなえる授業』北原照之・久保ひろし 著／こう書房

改善 08

恋はするものではなく、してしまうもの

恋は、するものではなくて、してしまうもの。そう思いませんか？

「恋をしたい！」なんて願っていても、努力してできるものではなく、思いがけず、予想もしなかったタイミングで、ふいに落ちてしまうのが「恋」だと思うのです。だから人生はおもしろい。

そしてもし、あなたが道ならぬ恋をしているとしても、自分を責めすぎなくていいのだと思います。惹かれてしまう、という感情は自分でコントロールできるものではないからです。ただ、無理やり人から奪ったものでは、どうも人は幸せになれないようです。40代も後半となりますと、いろいろなケースを見て来ましたので、これは本当だと思います。引き際、ラインというものがとても大切。そこを間違えないことが肝要です。

また、遠く叶わない恋をしている方。確かに苦しいでしょうが、これもなかなか素敵な経験

です。例え人に話したら笑われてしまうようなアイドルに心ときめかすのも、決して悪くありません。

秘めた恋は、開けっぴろげな恋より人を美しくします。

「自分の中になにかを秘める」というのは、胆力のない人にはできないものだからです。強さのない美しさはどこかつまらない。そう思うのは、私が年齢を重ねたからでしょうか。

作家の永井荷風が、小説『歓楽』の中で、

「月の光りも雨の音も、恋してこそ　初めて色と響を生ずる」

と書いていています。月夜の美しさに心震え、鬱陶しい雨音さえも楽しい音に聴こえるのは、確かに切ない恋をしているときかもしれません。

心が動く瞬間。恋に落ちる瞬間。

そして大人の恋は、自分に対してなにかをしてくれたときに始まるのではなくて、その人が他者へ向かってなにかをした行為に、心が動き、恋に落ちることが多いような気がします。

例えばいつもは結構クールな人が、会議中にだれかをさりげなくかばう発言をしたとき。普段は無愛想なくせに、電車の中で泣いている子どもをあやそうと顔をくしゃくしゃにしてベロベロバーなんてしたとき。無骨な人が、子犬を抱いた時に見せた優しい顔。そんな思いがけない一面に触れて、人は心が動いたりするものだと思うのです。

どんなに高価なプレゼントをもらっても、それが理由で人を好きになることはない。高級ブランドバッグより、自分のことを思って、道ばたでみつけた花を一輪くれた方が女心は動くもの。それがわかっている男性は、さて、どれくらいいるものでしょうか……。

思いがけないタイミングでやってくる。

私が彼（主人です）に心が動いた瞬間も思いがけないことからでした。ある大勢の人が集ったバーベキューに一緒に参加したときのこと。宴が終りに近づき、多くの男性がまだ缶ビールを片手に話を続けている中、黙々と汚れたバーベキューの道具を汗だくになりながら洗い始めた男性がいました。輪の中心となって、お酒を飲みながらみんなを笑わせている人よりも、一生懸命、どこか楽しそうに金網を擦る彼の大きな背中になんともいえないものを感じてしまったのです。普段、リーダー格の目立つ人に惹かれがちだった私にとっては、意外な心の動きでした。そのとき、私は全く覚えていないのですが、彼に私は「ありがとう」でもなく「おつかれさま」でもなく、「磨くのうまいね」とだけ言ったそうです。それが、どうも彼には印象的だったとか。それからおつきあいが始まったのでした。

恋は、思いがけないタイミングでやってきます。そして自分では、コントロールできないもの。それがわかっていれば、「あー、つまんない。なにかいいことないかな……」なんて、幸せがダッシュで逃げていきそうなため息は消えていくでしょう。今日も、明日も、笑って、あなたらしく生きていれば、思いがけない恋があなたのところにやってくるのかもしれません。

そして、最後に。

「あの人のことを思うと、優しい気持ちになる」

そんな感情になったとき、どうやら、それは「恋」ではなくて「愛」に変わっているようです。

改善 09

感じがいい人、ってどんな人？

「あの人は感じがいいよね」とよく言いますが、「感じがいい」とは、そもそもどういうことなのでしょうか？

仕事柄、オーディションや面接現場に立会うことがよくあるのですが、大多数の人が共通して「あの人は感じがいい」と思う人は確かに存在します。そういう人達の共通点は、気持ちのいい挨拶ができる、笑顔がいい、背筋が伸びている、といったところでしょうか。厳しいオーディションで勝ち残っていくためには、その3点は絶対に必要最低限備えていなくてはなりません。それプラスアルファのものがあって初めて合格となります。

ちょっと話がずれますが、役者さん・声優さんのように個性を強く求められるオーディションであっても、どこか感じが悪い人は必ず落とされます。どんなに容姿が良くても、です。なぜなら、「この人と一緒にやっていけるか」が、チームワークが求められる現場では、欠かすことのできない判断基準の一つだからです。また余談ですが、悪役と呼ばれる人ほど、実際にお目にかかると、その感じよさ、礼儀正しさに驚くことが多いものです。

「感じがいい人」は「一緒にいて心地よい人」

さて、その曖昧な「感じがいい人」をひと言で表すとしたら、私は「一緒にいて心地よい人」になるのではないかと思っています。人によって「感じがいい」の「感じ方」に微妙な違いが生じるのも、「一緒にいたい人」が人によって違うから、と考えると納得できます。

では、どうすればその「一緒にいたい人」「感じがいい人」になれるのでしょうか？

文字にするとどうも陳腐になるのですが、次の5つに集約されるように思います。

1．笑顔がいいこと

笑顔が素敵な人は、どんな美人よりも最強です。また、楽しいから笑顔になる、ではなく、笑顔でいると楽しくなるというのは本当です。女優の樹木希林さんがガンの手術を受けた後に、こんな話をされていたのがとても印象的でした。

「嫌な話になったとしても、顔だけは笑うようにしているのよ。井戸のポンプでも、動かしていれば、そのうち水が出てくるでしょう。同じように、面白くなくても、にっこり笑っていると、だんだん嬉しい感情が湧いてくるのよ」

樹木さんのあの存在感は、こんな日々の心掛けからも生まれているのかもしれませんね。

2. 素直であること

年齢を重ね、さまざまな経験を経るほどに、素直であることの難しさを感じている方も多いのではないでしょうか。素直であることは人として最大の魅力。ひと呼吸おいて、「でも」の代わりに、「そうですね」とゆっくり言ってみるのはいかがでしょう。言い訳をしない、まずは耳を傾ける、を自分に課してみませんか。

3. 相手の目を見て話すこと

相手の目を見て話すなんて当たり前のことじゃない、という方も多いかもしれませんが、実は相手にも自分にも負担感なく、目を合わせて話すというのはなかなか難しいもの。じっと相手の目を見たままだとお互い疲れてしまうので、ときおり目線を「下に」おろすのがポイント。目線を横にそらすと、相手に「あなたの話には飽きてしまいました」という不快な印象を与えかねないので要注意です。

4. 姿勢がよいこと

姿勢がよくて感じが悪い、という人は不思議といないものです。落ち込みがちな気分のときでも、背筋を伸ばすと自然と気分も上向きに。「さわやかさ」と「姿勢の良さ」は直結しているようにも思いますが、いかがでしょう。

5. 聞き上手であること

そして、一番大事なのは聞き上手であること。話しがうまいことより、絶妙なタイミングで相槌が打てるようになるといいですね。これは、単に技術的なノウハウだけでできるようになるものではなく、まずは相手に興味を持ち、好意をもって相手の話しに耳を傾けることが大事です。相手の話しに共感することが増えれば、自然といい相槌を打っているものです。

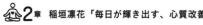

さぁ明日から、1つずつでも実践してみませんか。気がつけば、あなたの周りできっと何かが変わっています。

人と心地よい関係を築きたければ、まずは自分が変わること。

著者

参考資料

映画「うまれる　ずっと、いっしょ。」公式サイト／樹木希林ブログより

改善 10

ただ楽しむ、それこそ豊かな時間

37歳のとき、沖縄の宮古島で見たある光景が今も忘れられません。

宮古島の最東端。どこまでも広がる碧い海と岬の先端に建つ白い東《ひがし》平安《へん》名《な》崎《ざき》灯台。駐車場から灯台へ続く道にはテッポウユリが咲き乱れ、夕暮れ時の空は明るいオレンジのグラデーションで、どこもかしこも夢見心地のように美しく、ここを訪れることができた幸せをしみじみと感じていました。

そんなとき、ふと三線の音が聴こえてきました。心地よい沖縄音階。その音色に誘われるように導かれた先に、三線に合わせて楽しそうに踊る一人のおばあの姿がありました。おそらくその方はもう90歳近いお歳だったように思います。

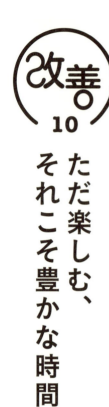

実はその少し前に、その方とは駐車場ですれ違っていたのです。その時は、車いすに座っておられ、私くらいの歳の女性に車いすを押してもらっていました。

観光用なのか、地元の方がたまたまそのときの気分で弾いておられたのかはわかりませんが、若い男性の弾く三線に合わせて、さっきのおばあが、車いすから立ち上がって、ゆっくりゆっくりと、実に楽しそうに踊っておられるのです。その表情のなんとやわらかなこと。

その姿を見ているうちに、ぽろぽろと泣き出している自分がいました。

気づいたのです。私はこれまでの人生の中で、

「ただ、楽しくて、ただ、嬉しくなって、踊った」

という体験を1度もしたことがなかったということに。

哀しいと思いました。もちろん、ほんの小さな頃には、そんなこともあったのかもしれませんが、物心がついてからは、「ただ、楽しくてやる」ということがほとんどなかったように思います。

どんなことをするにも、私には理由が必要でした。

「こうすると、お母さんが喜ぶから」

「こうすると、成績が伸びるから」
「こうすると、認めてもらえるから」
「こうすると、上達するから」
「こうすると、仕事が上手くいくから」

「今」していることは全て、何かをした先にあるものに向かってのものであり、「今」を無心で楽しむ、ということがなかったのです。おそらくずっとずっと。

おばあは、流れてくる音楽にただただ楽しくなって踊っていたのです。羨ましい、と思いました。そして、その姿を実に美しいと感じました。

「私はどうして、こんなに頑張っているんだろう……」

都会にいると、どうしても上を目指そう、目指そう、としてしまいます。でも、「本当にそうする必要があるのだろうか?」「本当に豊かに生きるというのは、こういう時間を大切に過ごすことなのではないだろうか?」そんな自分への問いかけが次から次へと湧きあがってきました。

おそらく私は、自分の心がガチガチに固まっていたことにも、気づいていなかったのだと思います。

「私が自分の心のままに、行動したのはいつだったのだろう」

そんな思いがこみ上げてきて、涙があふれてきてしかたなかったのです。固い、固い蓋をしていたものがふいにとれた、そんな瞬間でした。

あなたは、いかがですか？

自分の心に蓋をして、頑張り過ぎたりしていませんか？

あの時から、私は「未来」のために「今」を過ごすより、「今、この一瞬」を大切に過ごしたい、と思うようになりました。

そして時々、自分を空っぽにして、心のままに過ごす時間をつくるようにしています。まだ意識しないと、そんな時間をつくれないところが、なんとも未熟者ですが。

改善 11

大人の内緒時間

「いつか、この駅に降りてみたい。」
そんな風に、気になっている「駅」はありませんか？

私にはありました。神奈川県小田原市にある東海道線「根府川駅」。左手に海を見ながら熱海に向かう電車に乗る度、いつも人影がまったくない根府川駅が気になって仕方がありませんでした。しかも、きっとこのホームからは海が最高のロケーションで見えるはず、そんなことをずっと思い続けていました。

「降り立ったら、どんな匂いがするんだろう。
降り立ったら、何が見えるんだろう。

降り立ったら、駅の周りを歩いてみよう……」

そんなことをいつも思いながら、根府川駅で降りる機会も理由もなく、この駅を通過していたのです。

ある日の午後のことです。仕事でとっても嫌なことがありました。女性がまだまだ男性社会の中で仕事をしていると、ほんのたまにですが、梯子をはずされるような経験をすることがあります。女性の嫉妬はとてもわかりやすいので用心や対処の方法もあるのですが、男性の嫉妬は面倒で、ニコニコ笑いながら、やさしい言葉をかけながら、入念な手回しの上、素知らぬ顔をして、うまみある手柄をごっそりある人が持って行く、なんてことがあります。今回は、どこか信用しきれないな、そう薄々感じ取っていたのに、自分の中であやふやなまま放置していたことが、より一層自分を腹立たせていました。

いつもなら東京駅から横須賀線に乗るのですが、改札でＳｕｉｃａをタッチした瞬間に、「行ってみよう！　根府川」と思ったのです。まるで「そうだ！　京都、いこう」のＣＭの世界です。横須賀線への地下の階段を降りるのをやめ、まっすぐ東海道線に向かいました。自宅近くの大船を過ぎても乗り換えず、そのまま揺られ続けました。東海道線も茅ヶ崎、平塚を過ぎるころから少しずつ流れる空気が変わっていきます。大磯を通過するころには、完全に時計の針の進み具合までも変わってきます。時間は心の持ちよう次第で伸び縮みするそうですが、それは本当なんだなと思います。

ふと、「行ってみよう!」

そんな風に人が思い立って小さな旅にでるときは、なにか嫌なことがあったときか、何かを成し遂げて、「よしっ!」と自分にOKを出せたときのような気がします。それにしても、行った先が根府川ですからかわいいものです。「ちいさいなぁ、自分」と笑ってしまいます。ちなみに東京駅から根府川駅までは東海道線で94分。根府川は真鶴の一つ東京寄りです。

降り立った根府川駅は、初冬だというのに草の匂いがしました。夕焼け色に染まる海と、やわらかなピンクと深い青がまじわった空が一つとなり、どこまでも遠く広がって見えました。全身まるごと潮の香りに包まれ、大きく、深呼吸。心の中にあった重たいものが、すっーと外へ溶け出していくような気がしました。

駅では数人の人が降りたったものの、ホームでぼっーとしていたら、すぐに一人ぼっちになりました。改札は無人。ちょっと駅を出て歩いてみましたが、閑静なというより、かなり静かな住宅地が広がっていてコンビニをみつけることもできませんでした。ベンチに座り、何本か電車を見送りました。こんな静かな駅にいると、行き交う電車にたくさんの人が乗っていることと自体が、なんだかとても不思議な気がしました。そして、過ぎ去る人それぞれに、誰として同じではない人生があることを想像し、また不思議な気がしました。

空には星が煌めき、ひとつくしゃみをしたのをきっかけに我に返りました。自分を空っぽにする時間は終了。ほどなく上り電車に乗り帰宅しました。玄関で出迎えてくれた家族が開口一番、「あらっ、今日はなにかいいことあったの?」と私の顔を見て聞いてきました。「うん、まあね」と答えた私。どこへ行っていたかはもちろん内緒です。

大人には、こんな内緒時間がときに必要な気がします。あなたも、あの気になる場所へ。

改善 12

どの車両に乗りますか？

あなたは電車に乗るとき、どの車両に乗りますか？

前の方に乗ると降りた駅での移動が楽だから、いつもこの場所と決めている。ここならたいてい座れるから……と、理由はそれぞれあると思います。

私はいつも、なんとなく佇まいが素敵な人をみつけては、その人の後ろに並ぶようにしています。

「どうして、私はこの人のことを素敵だと感じたのだろう？」

「この人がまとっている穏やかな雰囲気は、どこから生まれているのだろう？」

「おっ、バリバリ仕事をしている感じ。なんのお仕事をされているのだろう？」

そんなことを考えて電車に乗っていると、ちょっとした移動時間もなかなか楽しいものです。

また、その方の素敵だなと感じたところで、すぐに真似ができそうなところがあれば、どんどん取り入れるようにしています。例えば、服の色合わせ、ストールの巻き方、髪のまとめ方、小物使い、きれいに見える立ち方、座り方……。なにか一つでも、真似ができそうなことを見つけたとき、とても得した気分になります。

これは職業病というべきか、いや、もともとこんなことを常日頃考えるタイプだからイメージコンサルタントになったのか、どちらともいえませんが、日々、どんな場面においても学ぶことはたくさんあります。

また、なんとなく悪い気が漂っている人、どこか幸せそうでないと感じる人、靴が極端に汚れていたりする人の後ろには、どんなにその列が空いていても並ばないようにしています。

『運が良くなりたかったら、ツイている人と付き合いなさい』

これはもともとは松下電機の創業者・松下幸之助さんの言葉で、多くの経営者がよく口にする言葉でもありますが、まさにそうだろうな、と思います。誰と一緒にいるかは、日々の思考と行動に大きく影響します。

また、「気」というものは伝染します。悪い「気」が漂うところに、わざわざ自分から寄っていく必要はありません。できるものなら賢く避けて、良い「気」を発している人のそばにいきましょう。ただでさえ、人生にはいろいろなことが望まぬ方向からやってきますから（笑）。

「運が良くなりたかったら、運の良い人の真似をしてみよう！」

「センスが良くなりたかったら、センスの良い人の真似をしてみよう！」

そんな風に、日々愉しんで実践してみることをおすすめします。

なんとなく佇まいが素敵な人

そして日々、電車の中で人間観察を続けているうちに、「なんとなく佇まいが素敵な人」に共通していることがわかってきました。

女性であれば、「外を眺めている横顔が、どこか微笑んでいる様に見える人」。男性であれば、「背筋が伸びていて、全体のバランスがいい人」です。

多くの人の中に紛れ込んでいるときこそ、その人の「素」が出るものです。誰かに向けた顔でもないのに、自然と微笑んでいるような表情になっているというのは、日々の心の持ち様以外のなにものでもありません。穏やかな心が、その人の佇まいをちょっと特別なものにしているのでしょう。そんなやわらかな横顔に触れるたび、我が身を振り返っては、眉間にシワを寄せた顔が形状記憶されないように気をつけなくちゃ、なんて思うのです。

また、そんな方の手元を見ると、爪がきれいに整えられていることが多いことにも気づきました。それはネイルをしている、していない、ということではなく、きれいに切りそろえられているといった感じです。手元はその人のライフスタイルを、言葉以上に雄弁に語ることがあるような気がします。

それから、男性の「全体のバランスがいい」というのは、言い換えると「ちぐはぐな感じがしない」です。ちぐはぐな感じというのは、その人のお顔立ちやお立場に相応しくないものを身につけているときに、他者が感じるものです。「自分」を客観視する目を持ってはじめて、全体のバランスというのは上手くとれるようになるものだと思いますが、いかがでしょう。

さぁ、今日、あなたはどの車両にのりますか？

参考文献

『夢の実現 ツキの10カ条』北原輝久 著／トイズプランニング

改善 13 不安との向き合い方

「不安」というのは、「わからない」という宙ぶらりんな気持ちから生まれるものです。

「わかっている」ことに対しては、対処方法を考えれば良いのですから、もし、それが大変な努力を要するものであったとしても、ただ単に苦しい、ということはなくなると思います。

そして、「不安」には大きくわけて2つあると思います。「先行きが見えないこと」に対する不安と「人間関係」での不安。「先行き」といっても、「明日のプレゼンで上手く発表できるだろうか？」というようなものから、「本当に自分は結婚できるだろうか？」というものまでいろいろです。

例えば結婚のように、相手がいて初めて成り立つものへの不安を解消するのは、なかなか難しいかもしれませんが、それでも、対処方法が全くないわけではありません。これまで出逢いの場へ出かけることが少なかったのならば、もっと積極的に参加してみるのもよし、自分に自信がなくて……というのであれば、自分磨き講座などに行ってみるのもよし。なかなか思うようにいかなくても、なにか1つでも行動を起こせば、必ずなんらかのフィードバックがあって、気がつけば1歩前へ進んでいるものです。なにも動かず、頭の中だけで考えているときが、一番不安になるのではないでしょうか。

また、自分の努力でいかようにでもなる直近の不安に関しては、不安がなくなるまで努力する、ただそれのみです。「やり抜いた」「自分は努力した」が不安に効く一番のお薬です。

そして、人間関係に関する不安については、相手が何を思っているのかわからないときに生じます。特に、「彼から連絡が来なくて不安になる」「彼の気持ちがわからなくて不安になる」「最近、夫が何を考えているのかわからない」というのは、多くの女性が経験していることでしょう。

「仕事が忙しくて連絡がないの?」「心変わりをしてしまったの?」

そんなことをぐるぐる考えるから不安は大きくなるばかり。ただ単にあなたとの関係に安心してしまって連絡の回数が減っているだけのことかもしれないのです。だったら、とにかく不安な気持ちを素直に相手に伝えてみるといいと思います。包み隠さず正直に発する言葉は、必ず相手に伝わります。そして、このようなときに大事なことは相手を試そうとしないこと。変化球を投げて、相手の気持ちを「さぐる」というのが一番よくない気がします。ましてや携帯をチェックするなんてもってのほか。まっすぐ、まっすぐ「不安になる」とシンプルな言葉で伝えてみてください。女性からすると、男性は驚くほど単純な生き物で、そういった言葉を聞いて初めて、

「えっ、そんなことで悩んでいたの？」と、はっとすることが多いようです。彼女や妻がひとり悶々としていたことに全く気づいていなかったりします。「ごめん、ごめん。そんなつもりなかったんだけどなぁ」という男性の言葉に本気で呆れたり、思わず笑っちゃったりした経験がある方も多いのでは？　そしてそれを受けて、「じゃあ、今後は〇〇するようにするよ」と具体的な行動の提案するのも男性の特徴。そうなったら、素直に「〇〇して欲しい」と伝えればよいのです。とにかく、男性に「察する」ということを期待してはいけません（笑）。

また、もし予想外に冷たい言葉が返ってきたら、その時は、単純にその恋を終わりにしてしまいましょう。それも1歩、大きな前進です。

ちなみに「感情」は自分でコントロールできませんが、「思考」と「行動」は自分で変えられ

ます。不安をなくすための「行動」をオススメします。

不安が消えないとき

といっても、身近な人や自分が病気や災害に遭ったときなど、自分ではどうしようもない不安を覚えることはあるでしょう。そんなとき、私にはいつも思い出す言葉があります。

『今を満足し、嘘や偽りなく、正直に生きていれば、今日の満足が明日の希望になり、先のことは不安になりません』

これは、青森県の岩木山麓に、悩みや問題を抱え込んだ人たちを受け入れ、痛みを分かち合う癒しの場「森のイスキア」を主宰している佐藤初女さんの言葉です。

「正直に生きていれば、今日の満足が明日の希望になる」この一節があたたかく胸に響いてきます。常に自らの心の声に耳を傾け、そこに沿ってただひたすらに手と足を動かし、今を大切に過ごすことが、きっとどんな不安もやわらげる力になるのだと思います。

参考文献

『朝一番の美味しいにおい』佐藤初女 著／女子パウロ会

改善 14

「結果」は遅刻魔です

結果は、自分のイメージよりも遅く現れるもの。

なにごともがんばった分、ちゃんと納得のゆく結果が出ればよいのですが、なかなかそうはいかないことが多々あります。

「こんなに一生懸命がんばったのに！」「こんなに準備をしたのに！」は、あくまでもこちらの都合でしかありません。どんなことも結果は、相手とタイミングがあって、初めてカタチとなります。

以前、ある人生の先輩に

「今まで必死に取り組んできたのですが、さまざまな事情で実現せず、残念な結果となりました。次に向けて頑張りたいと思います」

と報告したとき、次のようなメッセージをいただいたことがあります。

「今回は実現できなかったとしても、いろいろな事を学べて、心をかけて仕事をしたのなら、それはとても良かったと思います。少し遅れて、かならず結果は出てきます。なにかをやって、それらすべてを自分の肥やしにすることがビジネスの第1歩です。失敗も、成功も、トライアルも、思いつきも、いやなことも、うれしいことも、ぜんぶ肥やしにできれば、それは成功です。必ず結果は出ます。ただし結果が出るのは、自分のイメージよりも、自分の予測よりも、少し遅刻して現れます。結果さんは遅刻魔です。結果を待つ間にも、肥やしをいっぱい作ってみてください。待ち人はイライラして待たず、好きな場所で、逢った時の嬉しさをイメージしながら、待つこと自体を楽しむことができたらいいですね。2倍得したことになります」

なんだかとても勇気づけられ、このメッセージをノートに書き写したのはもう5年以上も前のことになります。たしかに、がんばったことのご褒美は、ずっとずっと忘れた頃にやってきたりします。また、そのがんばりというのは、必ず誰かがどこかで見てくれていたりして、後々になって、思いがけないかたちでお声がけいただくこともしばしばです。

これはきっと、仕事に限らず、人間関係でも、どんなことでもそうです。

啐《そっ》啄《たく》同《どう》時《じ》を得るまで、待つ。

この「結果さんは遅刻魔です」という魔法の言葉を得てから、私はすぐに結果がでなくても、焦らず先を見て待つことができるようになりました。小さなエゴを捨て、粛々と手を抜かず、準備を重ねていることが、いつかどこかで繋がると心から信じています。

そして、ことを為すには、タイミングと機が熟すまで待つことが必要なんだと、年齢を重ねるほどに、腹に落ちてわかるようになってきました。

さて、禅の言葉に「啐啄同時《そったくどうじ》」というものがあります。

「啐」とは、ひなが卵から生まれ出ようとするとき、殻の中からひながつつく音のことをいいます。時間をかけて外へ出るための準備をし、ひなが必死で立てる命の「音」です。そして「啄」とは、そのかすかな音を捉え、親鳥が外から殻をつつき割ることをいいます。この「啐」と「啄」が同時に起こってはじめて殻が破れ、ひなが世に生まれ出ることができるのです。

啐啄同時。ひなという「結果」は、どちらか片方からつつくばかりでは生まれず、ピタリとタイミングがあってこそ、カタチとなり、ことが動き、花咲くのです。

なにごともうまく行かない時は、ちょっと待ってみませんか。ときには脇において、ときにはすっかり忘れて、他の準備を進めるのもありです。

あの人が心を開いてくれないな、と人間関係で悩んでいるときも、無理矢理こじ開けることはせず、こちらは心を開いたまま、しばらく待ってみるといいと思います。

そうしいている間にも、遅刻魔の結果さんが、あなたの後ろをおっちらおっちら走ってきているかもしれません。大きな、大事な、素敵な結果ほど、きっと背負っているものが重くて、なかなか早く走れないものだとも思いますので。

参考文献

『怒らない禅の作法』枡野俊明 著／河出書房新社

3章

根本浩

活力がわいてくる、心質改善

改善 01

「働く」ために自分の足を鍛える

根本浩

わたしは現在、こうして本を書かせていただくと同時に教師として教壇に立ってもいます。

その中で、生徒からこんな声を聞くことがあります。

「一生働いていく自信がない。」「大学を出てやりたい仕事はあるけど、そんなにいい会社から自分が採用されるわけがない。それ以前に、どこからも自分には声がかからないと思う。」

現在、高校生大学生を問わず、多くの学生の方々が就職難に苦しみ、そして、何よりも働くこと自体と働く場所を探すことに意欲を失っている気がします。

「自分のありのままを出して働ける場所を見つけてもらえなければ、自分はやっていけない」

「誰か自分の能力を認めて引っ張り上げてくれる人さえいれば……」

もちろん、このような願望は学生のわがままと呼べるものですが、すでに働いている私たちも、実は、同じように考えている時があります。

「能力を素直に認めてくれない職場で毎日、笑顔で働けるわけがない」

「もう少し周りがきちんと仕事してくれれば……」

さて、そこで、考えて見てください。人生とは誰のものでしょうか？　それは、もちろん、誰でもないあなた自身のものです。しかし、後ろ盾や誰かの力で引っ張り上げてもらう人生では、「これが自分の人生」と胸を張って言うことはできないはずです。

哲学者ニーチェはこんな人生を送っています。

ニーチェは、牧師の一家に生まれましたが、大学在学中に、友人であるドイッセンとともに「フランコニア」という学生運動団体に加わり、自らの信じる勉学のために、神学の勉強をやめて、信仰を放棄します。当時のドイツの片田舎で、牧師の息子が信仰を放棄するというのは、大変なことでした。しかも、ニーチェの父は当時すでに亡くなっていて、ニーチェ一家は母一人、子一人。そんな状況下で当然、母は息子の信仰の放棄に大反対し大ゲンカするのです。当然大きく心が揺らぐところですが、ニーチェはたった一人の肉親である母の言葉にさえも、決して自分の意思を譲りませんでした。

そのニーチェはこんな言葉を残しています。

『高いところへ行きたいなら自分の足で行ってみよう。人の力を使うのではなく。人の背中や頭に乗るのでもなく』

ニーチェ（哲学者）

ニーチェは自らの「高いところ」を目指す学問のためには「自分の力」で行くしかないことを知り、牧師の一家という「人の背中」に乗ることをしたくなかったのではないでしょうか。

そして、自分の足で高みを目指したニーチェは、歴史に名を残す大思想家になりました。どんなに自分の人生だと言い聞かせようとしても、誰かの力を借りて、誰かに頼って成り立っている人生は、どこまで行っても「自分と誰かの人生」でしかないのです。

あなたが誰かの力を借りることのできない、そんな時……。その分、自分の人生を自分の足で迷わず歩けるはずです。

私の妻も、現在、教師をしていますが、私たちが交際している時からずっと教員採用試験を受け続け、そして、その試験に何回も落ち続けていました。特に私たちが結婚する前の年には、最後の最後にある面接で不合格、その通知を受けた瞬間は、涙が止まらなかったそうです。

その妻も次の年には合格、結婚した後に、私は改めて妻にこう聞いてみました。

「もし、あの時、落ちていたら教師をあきらめて、専業主婦になっていた？」

するとと彼女はこう答えました。

「きっと私はあの時、もし「たった今、教師をあきらめたら10億円くれる」と言われても、教師になることはあきらめなかったと思うよ。だって、どんなにお金があっても、あそこで教師をあきらめたら、私の人生でやるべきことが一つもなくなったはずだもん」

目の前のてっとり早い成果を見込める仕事を待つのではなく、自分で何ができるか何がしたいのかをとことん考えてみること。胸を張って、我が人生は自分で選んだものだ、と言える人生は、色褪せない勲章として、あなたの胸に存在し続けるはずです。

『どんなにお金があっても、あそこで教師をあきらめたら、私の人生でやるべきことが一つもなくなったはずだもん』

筆者の妻

参考文献
『ニーチェの言葉』ニーチェ 著／浅井 真男翻 訳／弥生書房
『世界名言集』岩波文庫 編集部 編／岩波文庫

改善 02

「会社に行きたくない」をプラスな一日に変えるために

10年ぶりに再会した大学時代の友人3人との宴席での話です

大学時代は、活動的で前向きだった彼女。少し元気がないなと思っていた彼女が、アルコールが入るごとに、つらそうにこう私たちに言いました。

「毎日、毎日、仕事でイヤな事が必ずあるの。朝起きた時、『今日こそは一日、イヤな気持ちにならずに頑張ってストレス0で過ごそう』と何百回・何千回、思ったことか……でも、今までその願いがかなえられたことは一度もなかった。たったの一度も。私の仕事人生は、イヤなことの連続で終わっていくと思うとたまらなくなる」

それを聞いていた、別の男性の友人がこう言いました。

「仕事がつらいのは、当たり前だろ。それは仕方ないこと。少し甘えているんじゃないか」

するると、彼女はこう言いました。
「そんなことは、何百回もいろいろな人から聞かされてるよ。でも、絶対に嫌なことがあると分かっていて、それでも明日も職場に通おうとすると、足がすくむの。怖くなるの」

「仕事がつらいのは当たり前」が私たちを縛っている

彼女は安定した公務員で、結婚生活もうまくいっているし、子育ても順調です。しかし、そんな風にしっかりと人生を生きていける人でも、働く先に「必ず嫌なことが待っている」と分かっていて、それでも、気持ちを前向きに向けていくのは難しいことなのです。

それは、彼女だけではなく、私たちも同じではないでしょうか？　配置換えで嫌な上司に当たった、年下の生意気な同僚の扱いに困っている……人から見れば当たり前。しかし、当事者には人生そのものに関わるくらいにつらいことです。働いていれば嫌なことの1つや2つ我慢しなければならないことはわかっています。我慢しなければならないこともわかっています。

しかし、それが私たちにとって、辛く苦しいことであるのも事実です。働いていてもつらいのは当たり前……でも、そんなありきたりな決まり文句で、私たちは自分たちを必要以上にがんじがらめにしているのではないでしょうか？

仕事のつらさを日々の忙しさの中でやり過ごすだけでは、あなた自身の心が少し疲れてしまうかも。つらいことを我慢するだけではなく、「その我慢は、自分の幸せに結びついているのか」「こうして嫌な仕事を頑張ることで、自分に何が得られるのか」そういうことをもう一度、素直に考えてみてもいいのではないでしょうか？

文豪 芥川龍之介の人生

芥川龍之介は幼いころ、母が精神を病んで自殺して以来、「自分もいつかそうなるのではないか」という不安と苦しみを毎日味わってきたと言われています。その不安は小説家として功を成しても解消できるものではありませんでした。それはまるで、日々、必ず嫌なことがあると思いながら通う職場を人生そのものに置き換えた過酷なものだったのかもしれません。結局、龍之介は自ら命を絶ってしまいますが、生の喜びに触れる境地に達する時期も確かにあったのです。その時の龍之介の言葉です。

『人生を幸せに生きるためには日々のささいなことを愛さなければなりません。そして、同じように人生を幸せに生きるためには、日々のささいな事に苦しまなければならないのです』

芥川龍之介（作家）

私たちの仕事のみならず、毎日の生活それ自体は、実は、大半が下らなくて、イヤな事にあふれたものかもしれません。しかし、その下らなさや、イヤな事こそを経験するからこそ、時々訪れる幸せを感じ取れる事が出来るのではないでしょうか。下らない事やイヤなことから背を向ける事、それは、同時に私たちの喜びや幸福から背を向けている事にもつながるのです。

大学病院に勤める医者である私の親類は、こんなことを言っていました。

「診察をしている嫌な患者がいる。でもそれに腹を立てて、気にしていたら次の患者にも影響が出る。だから、診察していて初めに嫌な患者がいたらそれを「0の基準」と考えるんだ。その患者より嫌な患者がいたら、その日はマイナス。いなかったら、その日はプラス。すると、びっくりするんだ、プラスの日の方がずっと多いんだ。働くって、きっと、そういうものなんだよ。悪いところを一つ乗り越えられれば、思っているよりずっといいものさ」

今日も働けば嫌なことはあるかもしれません。でも、その初めの嫌なことを0としたら、あなたの今日の仕事に向かう1日が、残りはプラスになることを私は祈っています。

参考文献
『成功と失敗の名言・ことわざ集』伊宮怜 編著／新典社
『芥川龍之介 人と文学（日本の作家100人）』海老井英次 著／勉誠出版

改善 03

「人に疲れる仕事」を「人とつながりたい仕事」に

私は今まで多くの生徒を卒業させてきました。その中の女生徒に、偶然、街中で出会った時の事です。その生徒は、高校在学時から将来はブライダル関係の仕事につきたいと、目を輝かせて語っていました。そして、その夢の通り、大学卒業後は、都内でブライダルプランナーとして活躍し、地元に帰省している時、たまたま私と出会ったのでした。

「頑張っているね、仕事はどう?」と聞いてみると、「まぁ、なんとか・・」と彼女は口ごもりました。その時、かつての目の輝きが少し失われているようにも思えました。彼女は、「やりがいはあるけど、大変なんです」と、少し目を伏せて言い訳のようにこんな風に言いました。

「毎日が、人との付き合いだから、お客様や同僚との人間関係に疲れることもあって。この仕事って、形あるものが残るわけじゃ無いし、難しいですね」

ふと、今、彼女のその言葉を思い出し、彼女だけではなく私たちもまた、人に疲れる時代に生き、その時代に働いているのだなぁとしみじみと感じました。

　現代は情報が錯綜し飛び交う時代、それは同時に人とのやり取りがあらゆるツールのもとで煩雑化されている時代とも言えます。この社会の中で「人に疲れた」と思うのは、彼女だけではないはず。満員電車のラッシュの中で、脇目も振らず会社に向かう人の洪水の中で、会社に入った途端に飛び込む自分の仕事に関わる大勢の同僚を見る中で、私たちは「今日は誰ともしゃべらずに仕事がしたい」と思う気持ちを一度は感じるはずです。

　これだけ情報化が進み、個人主義が進んだ現代でも、私たちの仕事は人と人とのつながり無くしては、一歩も進みません。先にも述べたように、誰もが時に煩雑に感じる人間関係なのに、なぜ仕事ではこれほど未だに人とのつながりが重要視されるのでしょうか？

「星の王子さま」の作家、サン・テグジュペリはこんな言葉を残しています。

『人間の最もすばらしい職業とは、人を結合させる職業である』

サン・テグジュペリ（作家）

第二次世界大戦前の１９００年、フランスに生まれたサン・テグジュペリは、「星の王子さま」や「夜間飛行」をはじめ、自分の飛行士としての体験を基にした作品を発表し、その作品は世界中の人から愛されていました。そして、第二次世界大戦でフランスとドイツが戦うことになった時、召集されたテクジュペリは自ら危険なフランスの航空部隊に志願します。すると、敵国であるドイツ航空部隊の隊員たちは異口同音にこんな風に語ったと言います。

「テクジュペリの所属する部隊とは戦いたくない。私は彼の書く小説が大好きだから」

サン・テグジュペリの言葉の通り、彼の小説が読者と築いた見えない人間関係は、殺伐とした戦争の中でも消えることがなかったのです。彼の小説を一つの仕事と見たならば、そこから生まれた人とのつながりは、どんな政策よりもどんな兵器よりも、戦争を終結と平和に導くための、何よりも大きな成果の芽を残していたといえるのです。

人間関係に疲れたり、苦しんだりするのは当たり前。真の人間関係を結ぶことは、最も難しく困難なことなのですから。仕事で人間関係が重要視されるのも当たり前なのです。それが、その仕事にとって最も偉大な成果を残す最大の要因となりうるからなのです。

パーティーのコツから学ぶ人間関係

突然ですが知り合いがいないパーティーで、楽しく過ごすコツを知っていますか？

それは「二人組の人たちに話しかける」という事です。知り合いのいない一人が同じように一人でいる人に話しかけてもずっと気詰まりな話をするしかなく、「この人との関係を守らなければ」と肩に力が入り、結果、不自然な会話を続けることになり、意外と長続きしません。その点、パーティーの二人組はねらい目。二人っきりでいる人達も実は、「他に知り合いもいないし、今日はずっとこの人と一緒かな……」と予想して、何とか二人だけの会話をつなげようと、知らずに疲れているのです。その時あなたが加わることで、その関係は改善され、より柔軟で広がりのある人間関係が形成されるのです。

もし、今あなたが人に疲れていても、こんなちょっとしたきっかけで、人と付き合える仕事が楽しくなる時が来るに違いありません。人にとっての最も素晴らしい仕事とは、人と人とをつなげる仕事であることに、昔も今も、少しも変わりはないのですから。

参考文献
『世界名言集』岩波文庫編集部 編／岩波文庫
『星の王子さま』サン・テグジュペリ 著／新潮社
『夜間飛行』サン・テグジュペリ 著／新潮社

改善 04

「自分自身を大切にする」ために

よく考えてみるとすこしドキッとする話をします。

学校という現場にいると、生徒たちの中からこんな声が聞こえるときがあります。

「生きていたって、いいことなんかあるのかよ」「あー、もー、死んじゃいたーい」

それは、学校の中では大勢の生徒の声に紛れて、やりすごせてしまう声に思えるのですが、よく考えれば、これはドキッとする怖い声なのです。まだ、10代でこれから未来に向けて一番希望を持って生きるはずの生徒たちが、こんな嘆きともひがみともつかない言葉を放り投げるとき、私たち、大人は少し怖く感じるのです。そして生徒たちはこんな言葉も言います。

「そんなこと言っても、大人だって嫌だ嫌だって、毎日愚痴をこぼして生きてるじゃん」

そう、実は、私たちが、そんな人生を送ってしまっているのです。「生きているって何の意味があるの？」と人知れずつぶやきながら、暮らしてしまっているのです。心当たりがないでしょうか。会社でも家庭でも、決められたことをただ、こなすだけの毎日。私は、何をやってもほめられないし、関心も持たれない。人間としての私って誰も必要としていないんじゃないか。自分がただ、お金のためだけに働いているように思える。「誰も本当の自分をわかってくれないし、わかろうともしないんだ…」と深い孤独感を感じる…特に頑張っている30代、40代の方たちは、こんな気持ちを一度は抱えたことがあるのではないでしょうか。

それは、自立した大人であるあなたが、きっと、人一倍頑張り屋で、しっかりした社会人のはずだからです。あなたが社会的に認められ成熟した大人だからこそ、家族も友人も会社も、あなたに弱音を吐かせないのです。あなたは強い人間に見えるから、厳しく扱われるのです。

そして、何より自分自身に厳しいからこそ、弱音を言えないのではないでしょうか。

でも、そうやって頑張りすぎることで「私の生きる意味ってなに？　私の存在って意味があるの？」と自分を追い込むまでになってしまっては、本末転倒です。価値あるあなた自身という人間がすり減ってしまいます。

カントはこんな言葉を言っています。

『あなたの人生にとって、やらなければならない義務が一つあります。それは、あなたのプライドを大切にする事なのです』

カント（哲学者）

カントは、ドイツの大哲学者であり、大思想家です。華奢な体と青い目を持ったカントは、若き頃からずば抜けた頭脳の持ち主でしたが、父が亡くなったことで学費が続かず、大学を中退せざるを得なくなります。普通であれば失望して学業も辞めてしまうところですが、カントは家庭教師をしながら哲学を研究し続け、優れた論文を発表し続けます。これがカントの第一のプライドです。

その後、カントに思いもがけない話が舞い込みます。中退したケーニヒスベルク大学から、教授にならないかと打診されたのです。しかし、カントはこれを固く断ります。哲学の分野ではなく詩学の分野の打診だったからです。カントは自らの突き進んだ哲学の道以外では、たとえ教授の道を示されても決して自らを安売りすることはなかったのです。それがカントの第二のプライドです。その後、46歳の時に今度は同大学から哲学教授としての招聘があり、引退するまで哲学教授としてこの職を続けました。

時に失意を覚え挫折しても、カントは決して自らの人生を投げ出さずに、自分のプライドを確かにもって、人生を邁進したのです。それがカントの義務だったのでしょう。

人生には嫌になることも投げ出したくなることもあります。でも、あなた自身があなたを「人として意味がない」と思うことは、あなた自身にとってかわいそうすぎると思いませんか？ 頑張っているあなたを、あなた自身が褒めて認めてあげることは、あなたがしなければならないこと。あなたはかけがえのない一人の尊い存在。あなたがあなた自身を大切にすることは、わがままではないのです。それは、あなたがしなければならないことなのです。

私の妻が「私は、誰かに心から負けたと思ったことがない」と言ったことがありました。

私は、「すごいね。そんなに自信があるんだ？」と言うと「ちがう、ちがう。誰かに心から勝ったと思ったこともないんだよ。だって、わたしの人生の勝ち負けを決めるのは、誰かじゃなくていつだって、ここに聞いてみるかしないから」そう言って、妻はそっと自分の胸に右の手を重ねました。

あなたの誇りをあなたが尊重すること、それは人としてのあなたの大切な仕事なのです。

参考文献

『世界名言集』岩波文庫編集部 編（岩波文庫）

改善 05

「お金」に「幸せ」を奪われないために

私の知り合いに「逃げ切り収支表」を見るのが大好きな人がいます。

逃げ切り収支表とは、例えば現在の自分の貯蓄額に現行で貰える退職金や予定年金額や運用益をプラスして、それを、現在の生活にかかる年支出で割ると、「あなたは、今、仕事を辞めてリタイアしてもあと何年間生きられます」と即座に答えてくれるインターネットサイトの事です。

その知り合いは、貯金もたくさんあり、生活もつましいのですが、とにかく先行きの人生に不安を持っていて、本当に毎日のようにその逃げ切り収支表で計算しては、「今、リストラされても、月18万で暮らせば60歳までは大丈夫」とか、「頑張って15万で生活すれば70まではは生きられることがわかった」など、一喜一憂しているのです。（毎日見たところで出る結果は昨日とそれほど変わらないと思うのですが…）

私は先の事を考える事には決して否定的ではありません。不透明な社会において、何も考えず刹那的に目の前がよければよいという生き方は不安すぎます。しかし、知人は言います。

「金を貯めて将来ここまで生きられると分かれば、安心を得られると思っていた。だけど、お金がなかった時よりも、余計にいろいろなことを考えて、むしろ守りに入って不安になる時も多いよ。だから、またその不安から逃げるために逃げ切り計算をする。悪循環だね」

その知人だけではなく、私たちの最近の価値観は、お金を「使う」より「貯める」事に重きを置く傾向にあるようです。デフレが続き、社会は大きく変化し、人に対する意識も変わったことで、「いざという時に頼りになるのは貯金」という価値観が生まれたからかもしれません。

逃げ切るための計算を思わずしてしまうのも、その表れかもしれません。それが乗じて、お金をためること自体が趣味となり、貯金＝幸せのバロメーターというような考えを持つことも。

しかし、そのことで安心だけではなく不安も増大することもまた、大勢の人が感じているのではないでしょうか？　貯金は安心を獲得するもの、しかし、それを大事にしすぎることで逆に不安を感じるのでは、本末転倒というもの。お金は不安ではなく幸せを買うためにあるのですから。

アメリカ大統領フランクリン・ルーズベルトはこんな言葉を残しています。

『幸せはどこにあるか知っていますか？　それは、ただお金があることでは感じられないものなのです。それは、目的を達成した喜びに、工夫してやり抜くという興奮の中に、眠っているものなのです』

ルーズベルト（アメリカ大統領）

私たちにとっての幸せとは何か？　それは、自分の汗を流し、頭を活動させて得られる喜びです。それは貧乏や金持ちであることに関わらず、日々の毎日の心がけでできることです。

お金は使わなければ貯金できますが、自分の力は使わなければただ、無意味な怠惰に変わっていくだけ。お金を貯めることに必要以上に労力を割いても、自分の力を使う充実感にはつながってはいきません。お金を「貯める」事にとらわれず、自分の力を「使い切る」ことで、我々は逆に多くのものを獲得するのです。そう、人生における「幸せの貯金」ができるのです。

実は、私も、貧乏だった20代に比べれば現在は貯金があるかもしれませんが、今、むしろ「この貯金を減らさないようにしよう、いや、減らしてはいけない」というような無意味なプレッシャーに恥ずかしながら襲われることがあります。そんな時、9歳になる長女がタイムリーな質問をしてきました。

「パパ、百万億円あったら（まだ兆という概念が分からないのです）どうする？」

「うーん、半分は家を買って、半分は取っておくかな」

「へー、私はね、アイスをいっぱい買って、大好きな日帰り温泉に好きなだけ行ったら、あとは全部みんなにあげる」

「みんな？って」

「パパとママとおじいちゃんとおばあちゃんと友達にはちょっとだけ多く、あと世界中の人みんなに同じだけ。だって、そうすれば、みんな笑顔になって、どんどんうれしくなって頑張って、いろいろなものがますます便利になるよね？　そうなれば、私ももっと楽しくなるもん」

貯めることではなく、惜しみなくあげることで、もっと幸せになれる……私たちに必要な幸せは意外とこういうところに眠っているのかもしれません。

参考文献
『すごい言葉』晴山陽一／文藝春秋
『フランクリン・ルーズベルト伝－アメリカを史上最強の国にした大統領』中島百合子 著　ラッセル・フリードマン／NTT出版

改善 06

相手を上手に「しかる」ためには

私が教壇に初めて立ったときに、母はあることを言いました。

私が教壇に立つようになってから、約20年が経ちますが、大学を卒業して、初めて教壇に立つときに母からこんなことを言われました。

「これからお前がもし、手のつけられないような問題のある生徒を指導しなければならない時、どんな風にするつもりだい?」

母は40年間教師をつとめ、生涯、教育現場で働く時間の全てをささげた、いわばその道での先輩です。私も少し心してこんな風に答えました。

「やっぱり、軽く見られないように、厳しく接するかな。なめられちゃいけないだろ?」

母は、歯に衣着せぬ言い方でスパッと言い放ちました。

「それじゃ、余計になめられる」そして、母は続けました。

「お前が虚勢を張ってもそんなのはすぐに見破られる。残るのはお前の無様さと見苦しさだけ。問題がある生徒だからこそ、できるだけ丁寧に接するんだよ。卑屈になるんじゃない、ただ、できるだけ丁寧に、お前が心の底から発する一言一言を気持ちを込めてしっかりとゆっくり相手に伝えるんだよ」

20年たった今でもなぜかその言葉だけは、良く覚えています。そして実際いわゆる手の付けられないような生徒ほど、無理に強い指導をしても逆効果でした。反抗的な生徒ほど、静かに丁寧に諭すことが結局は一番相手の心に伝わることを、私はこの20年間の教員生活で学びました。きっと、上司になった人はこんな悩みを抱える人もいると思います。

「大人しい性格だから部下に対して厳しく叱る事ができない。部下から嫌われたくないという気持ちもあるから、強く言えず、甘く見られてしまう。怒鳴っても、部下から慕われて、ああいう強い人がうらやましい」……集団の中で、リーダーとなり命令を下すという事は並大抵の事ではありません。もしかしたら、この世で最も難しい事のひとつかもしれません。部下だから、大人だから聞いてくれるはず、と思うのは大間違い。むしろ、能力があり、分かっている人ほど、一方的な命令に従うのには抵抗を覚えるもの。だから難しいのです。そんな時、人はどうしても語気を荒げて命令に従わせようとしてしまいます。自分の弱気を悟られないように自分の権力を使って、無理やり従わせようとしたり、それに反発されて気圧されると、「自分は管理職に向いてない……」と思ってしまうかもしれません。

ロシアの文豪チェーホフはこんなことを言っています。

『やさしい言葉で相手に伝えるのです。やさしい言葉で包み込む事ができないような人では、きつい言葉でも決して征服はできないのですから』

チェーホフ（作家）

厳しく言えない私はなめられる。そんな風に思うあなたは、怒鳴っていても統率が取れているリーダーのことをよく見ましょう。きっとその人は見えないところで、きちんと部下と向き合っているはずです。本当の意味でやさしい言葉をかけているはずです。怒鳴るだけでは人は決して言う事を聞きません。権力をちらつかせても、まともな人は軽蔑するだけです。

厳しく叱っても、部下を納得させられるだけのものを、その人は持っているのです。そのもっているものとは、実はやさしさなのです。あなたが、真に相手の目線に立ち、相手の心に寄り添う気持ちを持っていれば、それは信念の強さとなって現れます。

ある先輩の教師に、日本を代表する超進学校から私の学校に赴任してきた教師がいました。その先生に私は、「生徒に勉強させるコツ」を聞いたところその先生はこう言いました。

「私はその生徒のことを、その生徒がいない時に、その生徒を丁寧なやさしい言葉でほめるようにしています。いない時にほめた事実が相手に伝わればその効果が倍になります。そして、いない時にほめることはウソではできないからです。目の前にいるときにうわべのやさしい言葉をかけることは誰でもできますが、本人がいない時に他人に向けてその生徒をほめることは、本当にその生徒の心を知らなければできません。そして、そういう時に出たやさしい言葉で、もう一度目の前でその生徒をほめるのです。そういうことを続けた結果、本気で生徒をやる気にさせることができるのです」

これは会社の上司と部下にも当てはまること。いない時にあなたが部下にかける心からのやさしい言葉は、見えない形であなたへの真の信頼となって帰ってくるはずです。

参考文献
『かもめ・ワーニャ伯父さん』チェーホフ 著／神西清 翻訳／新潮文庫
『チェーホフの言葉（人生の知恵）』佐藤 清郎 翻訳／彌生書房

改善 07

家庭の中でお互いを見失わないためには

生徒からこんな話を聞く事があります。

「親とは話したくない」「親と話してもすぐケンカになるから、なるべく玄関の外からメールやラインで送るようにしている」多くの生徒が、こんな風に家族を語るのを今まで聞いてきました。

雨の日など、生徒が保護者の車で校門まで送られてくるとき、到着した途端、ドアを開けて運転席の保護者の方を見ることもなく、ドアを閉める場合が多いのです。「あれ？『いってきます』や、『ありがとう』は無いのかな？」と、いつも感じています。その光景を見ると、雨空の底冷えのせいだけではなく、なんだか寒々しい気持ちになってしまうのは私だけでしょうか？

偉そうなことを書いてしまいましたが、つい先日、6歳になる次女と筆者の2人で車で歯医者に向かった時、「車の中で、おかしを食べちゃだめ！ 食べるんだったら、絶対にこぼさないように、食べなさい！」とその時のイライラした気分のまま叱ると、次女はおませな口調で「こぼしてないってば！　パパ、ちょっとうるさい」とむくれ顔。歯医者につくと、無言のまま、おもむろにドアをあけて、両手で勢いをつけてバタン！と閉めたのです。それを見て、「ああ、6歳でもこうなのだから、思春期の子供を持ったら、大変だな」としみじみ感じたのでした。

6歳の娘とは、その直後にふざけっこをするくらい関係修復も簡単ですが、大人になればなるほど、家庭内の関係を修復するのは大変になるはず。

子供がいない男女の家庭や交際する時にも、会話がなくなってしまう時があります。寝室は同じでも家に帰ってから次の日出発するまで、一言も会話がない夫婦も珍しくないそうです。

私達はどのようにして、会話を続け、その関係を築いていけばよいのでしょうか？

アメリカン・インディアンのネスパース族にはこんな格言があるそうです。

『食べている子どもには話しかけるといい。たとえ、あなたがいなくなっても、その暖かい記憶は残るから』

ネスパース族（ネイティブ・アメリカン）

ネスパーズ族は、アイダホ州などの高原地帯に定住しているネイティブアメリカン。近代化が進む中で、現在でも絆を保ち続けて生きるネスパーズ族。白人とは友好的だったそうですが、それでも、1800年代後半には白人から襲撃されることもあったそうです。その迫害を乗り切った要因が、ネスパーズ族の連帯感と協力体制が強固だったからと言われています。それは、この食事に関する名言に秘密があるのではないでしょうか？

一度関係がこじれてしまった年頃のお子さんとは、いくら会話を取り戻そうとしても、なかなかうまくいかないもの。中学生・高校生には個人の世界があり、そこに勝手に踏み入ってほしくないという気持ちは、尊重しなければならないのも事実です。大人の男女においてはなおさらで、お互いにプライドもあり、なかなか自分からは打ち解けられない時も多いはず。

そこで、この言葉にあるように、大切な誰かと、食事を一緒にする時には、必ずあなたから先に一言だけ話しかけるという事、ただそれだけを、実践してみてはいかがでしょうか？　たとえそこで返事が返ってこなくてもいいのです。なぜなら、そこは、あなたと大切な誰かが一緒に暖かい食事を取っている場所だからです。一緒に食べていること自体が重要なのです。食べ物の暖かさと一緒に、家族やパートナーのいる暖かさを感じているのが大切なのです。

私は妻と交際をしている時、自分の中に一つの変化が起きているのに気が付きました。それまでは知人も含め女性と食事をするときはいつも、私はとても緊張してしまい、できるだけコース料理を避ける傾向にありました。料理の間の会話を保つ事ができなかったからです。

それが、今の妻と交際している時は、自然とイタリアンやフレンチのコースを自分から選ぶようになっていました。

「そうか、自分はこの女性と少しでも会話を長くしていたいんだ」それに気が付いた時、私は、今の妻との結婚を明確に意識したように思います。それを結婚後、妻に話すと、

「実は私も同じなのです。だから、この食卓を見てよね」

そこには、たくさんの料理が並べられ、たっぷりと時間をかけて取る食事が約束されていました。10年たった今でも、ありがたいことに食卓には多くのお皿が並べられています。

共に食べるということ、そこで一言交わすということ、ただそれだけで、誰かと一緒にいる本当の意味を見つけることもできるのです。

参考文献
『アメリカ・インディアンの書物よりも賢い言葉』エリコ・ロウ／扶桑社文庫

改善 08

会社を続けても辞めても自分を見失わないためには

現代において「働く」とは一体どういうことなのでしょうか？

ある大会の引率で別な学校の生徒と先生がこんな会話をしているのが聞こえました。

「先生って、手取りで月いくらぐらい貰ってるんですか？」「手取り？　そんな言葉、よく知ってるね」「そりゃ、大学に行ったとしても、後４年で就職ですもん。安定と手取り額とボーナスをしっかり査定に入れて職選びしなきゃ」

ちょっと、可愛げがないように思われますが、これが高校生の「今」なのです。今の高校生は「公務員は安定していていい。働かされてばかりのブラックは嫌だ」が口癖。「自分のやりたいこと」を第一に挙げる生徒もいますが、その強い第一希望がなければ、こういう価値観が現実なのです。

では、辞めるとは一体何でしょうか? 学生たちのもう一つの言い分というより信念に近いものは、「辞めたらダメ」、「一度無職になったらニートになるしかない」です。

ある先生に卒業生がこんな相談をしにきたそうです。

「前の仕事がつらすぎて、上司に相談もせずに、辞表を出してやめてしまいました。それ以来、働くのが怖いんです。ネットの求人欄も見られません、もう一度働ける時が来るのでしょうか?」

仕事を辞めるという事は、私たちの日常から、遠いようで実は近い場所にあるもの。順調に働いている時は、仕事を辞めるなんてことは考えもしません。ですが、苦手なタイプが上司になったり、苦手な分野の部署に配属されたりすれば、途端に「退職」と「転職」の二文字が頭をよぎり、今まで考えもしなかった「辞表の書き方」というサイトを調べてしまったりします。

そうした悪い風向きが続いて、実際に退職してしまった人を責めることは出来ません。

しかし、現実には仕事から一度離れてしまうと、もう一度戻るのは困難でとても勇気がいるものです。たとえ、転職できたとしても新たな職場に飛び込むことは、誰だって怖いこと。仕事を続けるにしても、仕事を辞めるにしても、悩んでいる人はたくさんいるのです。

もちろん、よりよい職場の獲得のために、懸命に行動していろいろな手を尽くすのは大切なこと。しかし、その前に「この仕事を続けて意味があるのだろうか?」「でも、辞めても、もう一度、あの大変な職場に戻れるのだろうか？」という揺れる気持ちの中で悩む人も少なくないはずです。会社を続けるか辞めるかということは、単に条件の問題ではなく、それを続けることの、あるいはその後の、モチベーションのあり方の問題でもあるのです。

現代に生きる女性、そして、同じ時代を生きる全ての人たちが、仕事を続けても辞めても前向きに進める、そんな言葉はあるのでしょうか？

孔子はこんな言葉を残しています。

『あなたの愛することを仕事に選べ。そうすれば生涯1日も働かなくて済むだろう』

孔子（思想家）

孔子は、AD552〜AD479に存在した中国、春秋時代の学者・大思想家。晩年の孔子は贅沢を拒絶して、貧しい生活の中、子弟とともに、自らの教えを広めに行脚して回ったのです。それは孔子にとって、義務としての労働ではなかったので苦痛に感じなかったはずです。

孔子は、あなたが愛することのできる仕事につけば、それは仕事ではなくなる。と教えてくれます。愛することを仕事にした時、そこには仕事の不安や苦痛は存在しないはず、と。

「そんな風に好きな事を仕事に出来れば苦労はない」と思うかもしれません。しかし、今ではなく、あなたが将来、愛することのできることを選べれば、よいのです。将来愛することのできる仕事とは、今でもその仕事にならある程度は我慢できるというもののはず。例えば「この仕事はつらいけれど、少しずつ楽しくなっている」「つまらないけれど、面白い時もある」「何とかやっていけないことはない」、このぐらいの気持ちでもいいのです。そういう気持ちは、実はあなたの奥底に、確かにあなたの「この仕事が好きだ」という愛がある証明になるからです。

孔子のようにならなくてもよいのです。「これなら何とかやっていける」という気持ちがあればいいのです。そういう風に思える仕事は、あなたは自分では気がつかないかもしれませんが、そこにはきっと、あなたの愛があるのです。

仕事をしていれば迷いが生まれます。仕事である限り、不安や苦しみがいろいろな局面につきまといます。しかし、最後に自分が信じる仕事、それは「わずかでも愛することのできる毎日の仕事」というキーワードでくくれるのかもしれません。

参考文献
『よくわかる論語　やさしい現代語訳』永井輝（明窓出版）
『孔子』井上靖（新潮文庫）

改善 09

人生のピークを過ぎたと感じるときには

20代でも30代でも「衰え」を感じる時があります。

私は今、40歳を少し過ぎたところですが、初めて「衰え」を感じたのは、25歳の時でした。それは、ペットボトルのコーラだったのです。とても喉が渇いていた私は、自動販売機でペットボトルのコーラを買い、それを飲み干そうとしました。中学生の頃は、一気に2リッターのコーラを飲みほしても平気な程で、それまでも一度も喉が渇いているときにコーラを残すなんていう経験はありませんでした。ところが、その時はどうしてもコーラを飲み干せなかったのです。

それが、私の初めて感じる衰えでした。それ以後30代前半では初めて駅の階段を2段ずつ上がることが難しくなり、35歳を過ぎた途端にめっきり食べる量が減り、40歳前後でトンカツがロースからヒレになり、加齢とともに確実に「衰え」は重なっています。

体だけではありません。昔だったら、3時間ぐらいぶっ続けでできた仕事が、1時間ごとに休みを取らなくてはいけなくなり、4時間でも目覚めが良かった睡眠時間が6時間でも次の日に疲労感を感じ、水だけ飲んでいれば元気だった体が、今ではコーヒーどころか栄養ドリンクを飲んでも朝のやる気とパワーを感じられない、人の名前と6桁以上の数字が覚えられない。こういう経験をするのは私だけではないはず。男性や女性のみならず、30代以上ともなれば、すべての人間が、「衰え」を感じる時があるはずです。

衰えを感じると、何とも言えない寂しいような、心の中が寒くなるような気がします。大げさに言えば、「人生のピークが過ぎ去ってしまった」とも感じます。有り余るエネルギーがあった高校時代や大学時代は過ぎ去ってしまった。働き始めた頃のバイタリティーも今は昔、今の私はなんとみすぼらしいんだろう。そう考えると、居ても立ってもいられないような心細さを感じ、「50歳、60歳とこのまま老いていく無様な自分の姿で衰えた能力をさらすくらいなら、いっそのこと、会社を辞めてアーリーリタイアしてやろうか」と思う時すらあるはずです。

喜劇王チャールズ・チャップリンはこんな言葉を残しています。

『「あなたの最高傑作は？」

『「次の作品さ」』

チャップリン（喜劇役者、映画監督）

チャールズ・チャップリンは、イギリスの産んだ世界的なコメディアンであり映画俳優です。「ライムライト」や「モダン・タイムス」などの名作の名前は、誰でも一度は耳にした事があるはずです。

しかし、そんなチャップリンにも、苦しい時代がありました。イギリスのショービジネス界で行き詰ったチャップリン、一念発起して単身アメリカに渡りますが、そこでも冷遇され続けます。なまじ、イギリスでの実績があった分、「自分の限界はここまでか……」と感じた事もあったはずです。そう、私達が衰えを感じた時、「ここまでか……」と感じるように……しかし、チャップリンは「ここで、このアメリカで何があっても俺はずうっとやっていこう」と決意します。そして、その後、インタビューでこの名言を残すのです。

衰えがあるのは、当たり前。それを感じてさびしいと思うのも当たり前です。でも、最も危険な事は、次の瞬間「もう自分は終わりだ」、と思うことです。これで、十分やったと納得させてしまうことです。次は、今日よりもっと素晴らしい！　その希望に向かう気持ちそのものは、年齢や能力の衰えなど関係ありません。未来に向けるそのまなざしが、重要なのです。

チャップリンはこんな言葉も残しています。

『下を向いていたら、虹を見つけることは出来ないよ』

2歳年下の私の妻に衰えて悲しさを感じた事があるかと尋ねてみました。
「私は、そんなに変わるってことが嫌じゃないの。何かが変わったら、その変わったものに自分がうまくなじめるように努力するだけだから。衰えや老いっていうのも、言いかえれば「変わる」でしょ。変わるってことは悲しいだけじゃないよ」
「老いは恥ではない」。これは、偉大なるボクサージョージ・フォアマンの言葉、衰えを恥とするか誇りとするかはまさに自分次第なのです。

参考文献

『勇気が10倍湧いてくる言葉』河内宏之／PHP研究所
『チャップリン自伝』チャールズ・チャップリン 著／中野 好夫 翻訳／新潮社
「敗れざる者―ジョージ・フォアマン自伝」ジョージ フォアマン 著／George Foreman 原著／安部譲二 翻訳／角川春樹事務所

改善10 日本の未来に不安を覚えた時には

生徒に時事問題の話をすると、生徒はよくこう聞いてきます。

「先生が生きていた頃って（今も生きているのですが）、まだ『バブル』だったんですか？」

私は1970年代の生まれ、「高校生くらいの頃は、まだそういう時代もあったかな？」というと、

「バブルの頃って、みんな、一万円をかざしてタクシー止めてたんですよね？」「バブルの頃って、300メートルくらい先でもタクシー乗ってたんですか？」と、なぜかタクシーに偏った贅沢伝聞バブル話が飛び出し、そして、引き続いて、「俺らはついてねーよな」と嘆くのです。

理由は、

「ずーっと不景気やデフレでいいことなんて無いじゃないですか。もう日本って終わりです

か？」

本来ならば、一番希望にあふれる高校生のはず。しかし、この話だけを聞くと、この国に対する希望はかなり消え失せてしまったかのようにも思えます。

この国の危機が叫ばれて、気がつけば20年以上たっているような気がします。バブル崩壊、長引く不景気、リーマンショックの追い打ち、年金問題、膨らむ国の借金と増大する社会保障、雇用問題、消費税、そして、東日本大地震。次から次へと襲い来る苦難の波に、誰もが、このままではいけない、このままでは、沈没してしまうという恐れと危機感を抱いているような気がします。この世界に対して危機感を持っているはずです。

この国は本当に大丈夫だろうか？　政治家も官僚も誰も信用できない。この国を担えるリーダーはどこにいるんだろう？　すぐにでも改革しなければ、日本は絶対にダメになる。

そう思っている人は私達の中にも大勢いるはず。何かを変えなければ・・しかし、いったい何を変えればいいのでしょうか？

その一つの答えを文豪であるトルストイが教えてくれています。

『あなたも私も、すべての人は世界を変えたいと願っている。だが、自分から変えようと思う人は誰もいないから世界は変わらないのです』

トルストイ(作家)

レフ・トルストイは世界を代表するロシアの文豪。世界一の作家と評されることも決して少なくありません。トルストイは自らだけが富むことに自らが恥じて、その財産を民に分け与えようと試みます。しかし、そのつど家族の強烈な反対にあいます。死ぬ直前になり、反対する妻を置いて豪邸を飛び出て、身一つで家出します。そして、その一週間後、小さな駅の官舎で老衰のため亡くなってしまいます。しかし、駅の官舎のベッドで横臥するトルストイは、幸せそうな顔で「これでやっと正しい道がわかった」という意味の言葉をつぶやき、安らかに眠るように死んでいったと言います。

トルストイはその高い精神性で誰よりもロシアの不平等と欺瞞を変えたいと願っていた人でした。そして、それを小説で実行した人でした。しかし、それでもまだ足りないと感じていたトルストイは最後に自分の行動で世界を変えようとしたのです。偉大な作家として文章を残すだけではなく、一人の国民として、自分の周りをまず行動で変えようとしたのです。

まず変わらなければならないのは、私を含めた、私たち国民一人ひとりなのだと、トルストイの言葉は教えてくれます。世界を変える人は、何か特別な人で、私たちが困っている事をすべて解決してくれる、と私もどこかで考えていました。しかし、私たちの社会は、私たちのものである限り、まず私たちが変えていかねばならない、とこの言葉は教えてくれるのです。

世界を変えるためにはどうしたらいいと思う？　と6歳になる娘に聞いてみました。うーん、と娘は複雑な顔をした後、「難し過ぎてわかんない」と答えました。

「だったら、世界の人みんなが『なかよし』になるためにはどうしたらいいと思う」

「それもわかんないけど、ケンカしているひとを仲良くする方法なら知ってる」

「どんな方法？」

「パパとママがけんかしていたら、おばあちゃんをよんでくる。おばあちゃんとおじいちゃんがケンカしていたら、福島のおじちゃんとおばちゃんをつれてくる。世界の人がけんかしていたら、それと同じだけの人をよんできて、「そんなのいけないよ」って言ってもらう」

世界の半分の人が世界の半分の人にそれぞれ一人ずつ「けんかはよくないよ」と言うことができたなら、もしかしたら、そんな風にして世界は変えられるのかもしれません。

参考文献
『世界名言集』岩波文庫編集部 編／岩波書店
『トルストイ人生名言集―永遠のともしび』／Dialbook

改善 11

「平凡で身近な幸せ」と「将来の夢」を感じるために

天才に最もあこがれるのはどういう人たちか知っていますか？

もし、私にこの問いがされたら、私は、迷わずこう返答します。それは、「中学生から高校生にかけての男子生徒だ」と。

これはあくまで私の感覚ですが、教育の現場にいると、彼らのほとんどが強烈な「天才崇高」の気質を持っているのが分かります。例えば、野球をやっている生徒は、イチロー選手や田中投手に、サッカーをしている生徒は本田選手に、勉強が得意な生徒はノーベル賞受賞者の山中教授に、という具合に、彼らは天才たちの人生を完全に肯定し、ちょっと言い方は悪いですが「彼らのようになって脚光を浴びられるのならいつ死んでも何の悔いもない」とまで思っている節もあります（本来は、その能力を生かして社会に貢献するからこそ、天才が存在する意味があると思うのですが)。その一方で矛盾するようですが、彼らは平凡で地味な人生というものも大切にする一面もあります。

「何のかんのと言っても普通が一番」「結婚して、子供を産んで、マイホームをもって、何事もなく定年を迎えて、静かに家族に見守られて死んでいきたい」ということもよく言います。

新聞やテレビに登場することは、間違いなく中高男子生徒のあこがれの人生、でも、その一方で、統計などで中高生の将来の夢の一位が「公務員」であるというのも、その一例ではないでしょうか。ある意味で、今どきの高校生らしく「自分の夢」と「かなえるべき現実」とを分けて考えている現実的な思考とも言えます。

こういう事を書くと、「高校生なのに、小賢しくて、まるで、中年みたい」と思う人もいるかもしれませんが、彼らは、自分の理想と現実とのギャップで純粋に苦しんでいることも多いのです。

よく考えてみれば30代、40代の人も、夢と現実のはざまに立っていろいろと考える事も多いはず。仕事が面白くて結婚なんて考えられない、と思う反面で、介護老人ホームの宣伝をじっと見てしまう、ということはよくある話ではないでしょうか？

挑戦と堅実さ、攻めと守り、その二つの間をどのようにバランスを取って私たちは生きていけばよいのでしょうか？

哲学者のジャン・ジャック・ルソーはこんな言葉を残しています

『ほんとうに幸せな人間はそれを見せびらかすことは決してない。ただ、自分のまわりにある幸せを静かに語るだけなのさ』

ルソー（社会哲学者）

ルソーは、18世紀フランスの偉大な哲学者であり作家。フランス革命にも大きな影響を与えたルソーですが、実は、教育思想家としても有名です。しかし貧しさから子供5人を孤児院にあずけているのです。偉大なルソーもまた、自らの思想と仕事という一つの挑戦と、家族を守るという堅実な人生の間で悩み苦しんでいたのです。

人は誰でも形あるものを求め、持っているものを褒められたいと思うものです。それらの言葉を必要とするのは、本当は自分が不安だからなのです。誰かに褒められなければ、自分の幸せ、生きる意味を確認できないからなのです。逆に言えば、本当に幸せな人間は、褒めなくても平気なはずです。

本当の幸せを手に入れるために生きていれば、「意味」を求める必要などないのです。

6歳になる私の娘にお風呂の中でこんなことを言ってみました。

「もし、パパが今よりもずっと偉くなって、ずっとお金持ちになって、みんなから『すごいね、すごいね！』って言われるようになったらうれしいかい？」

すると、娘はちょっと顔をしかめて言いました。

「うれしくない」

「どうして？」

「だって、パパがえらくなって、みんなに連れて行かれちゃったら、お風呂に入れてくれる人いなくなっちゃうでしょ？　お風呂に入れてくれるままのパパでいい」

本当に幸せな人間は、それがどんなに些細な幸せでも、自分の幸せな気持ちを感じているはず。その大切なものをしっかりと掴むために、あなたに必要なことはただ一つ、今いる場所こそが、本当の自分の場所でいいんだ、と思う気持ちのはずです。

参考文献

『今こそルソーを読み直す』仲正昌樹／日本放送出版協会
『一瞬で心が前向きになる賢者の言葉』植松二郎／PHP文庫

改善12 孤独に負けない心を持つには

今年40歳を過ぎるある独身の男性からこんな話を聞きました。

「夜、ひとり、寝るときに蒲団に入るとさ、寂しさを感じるんだ」

その人は、仕事がとてもできる人で、ルックスもよく、性格も明るい皆の人気者です。普段は、独身でいることで悩んでいる様子などみじんも感じさせず『さぁ、この仕事がうまく行ったら、あとは、年下のかわいい美人の嫁さんを探すだけだな！』っと笑いながらカラっと言うタイプの人です。

そんな彼と一緒に、草野球の野球観戦をしているとき、隣で冒頭にある言葉をポロッと漏らしたのです。私はドキッとしました。

ある統計〈※〉では40代の独身の男性女性には、70％以上に恋人がいないという事です。結婚はあくまで一つの選択肢、結婚したからと言って子供が生まれたからと言って、それがすべてのゴールではありません。それどころか、多くの苦労や大変なことも次々と襲ってくる事は、家庭を持つまでもなく誰にでもわかることです。

かといって、独身で一人暮らしをすることで、すべての悩みを解決できるわけでもありません。そこにあるのは、「孤独」というものと付き合っていかねばならないという事、そこにある寂しさと向き合うことはどうしても必要なことなのです。

こんな女性の悩みを聞いたことがあります。

「離婚して数年、女の身一人で生きていくことにもやっと自信がついてきたように思うのです。ただ、この先、子供もなく夫もなく、老後を迎えた時、たった一人で死んで行くのだと思うと、思わず涙がこぼれるのです。これは、自業自得というものでしょうか」

30代、40代の抱える孤独の不安、それを解消してくれるような言葉はあるのでしょうか？

真言宗の祖　空海はこんな言葉を残しています。

『一身独り生没し、電影是れ無常なり』（いっしんひとりせいぼつし　でんえいこれむじょうなり）

訳文：人はわが身ひとつで「わたし」として生まれてくるのです。そして、「わたし」という身一つで死へと向かっていきます。生と死、光と影、すべては、移り変わっていくのです。

空海(僧侶、思想家)

空海という名前ですが、一説によれば、それは、「空海は、悟りをひらいたその時、空と雲以外何も目にしなかったから」というところから名乗ったとされているそうです。

空海は時を洞窟で過ごし、見えるものは空と海だけだったそうです。まさにその時に空海は悟りをひらいたとされています。空海は、孤独の中から、人生の真実を見つけたのです。

人には無数の出会いがあり、そして、無数の別れも同時にあります。その中で、一生続く、愛する人との出会いに恵まれれば、それは最高の幸せの一つ、そして、愛する我が子が生まれれば、それは、どんな幸福にも勝る喜びになるはずです。しかし、たとえ、そうではない人生にせよ、それが人の不幸とはなりえません。なぜなら、人はすべて、一人で生まれ、一人で死んで行く宿命を、背負っているからです。今、あなたが一人で生きることは、人生の真実であるからです。

誰だって、孤独でいることは不安なのかもしれません。しかし、それは、生きているという事を見つめているということ。生きていること自体を喜べること、それ自体が確かな、本当の幸せなのかもしれません。

私の知人に、結婚を望めない人がいます。その人は、一人で入院をしていて、この先病院から出られないかもしれません。しかし、その人はこんなことを言っていました。

「このままこうして死んでいくのかなと思った時、前は気がどうにかなりそうなくらいに不安で苦しかった。でも、今はそういう時、そっと目を閉じてできるだけ、耳を澄ませてみるんだ。すると、いろいろな音が聞こえる。誰かと誰かが話す声、鳥がなく声、風が吹く音、犬が走る音、それをじっと30分も聞いてると自然と心が静まってくる。自分が世界に溶けだしてくる気がする。それから、俺は心で唱えるんだ『ああ、生きてるな。みんな、生きてるな、おれも生きてるな』すると、思えるんだ。『大丈夫、大丈夫。俺はすごく幸せだ』って」

彼はにっこりと静かに私に向かって笑いかけました。本当の幸せを知っているのは、彼のような人ではないかと私は思うのです。

参考文献
『人生に生かすことばの贈り物』菅原孝雄／風濤社
『空海』三田誠広／作品社 ※「生活トレンド研究所」調べ

改善 13

ミスをしても落ち込まないためには

ミスをして「すみません」、が口癖になっていませんか？

ふと振り返ってみれば、私ものべ20年以上、社会人として働いている計算になります。文筆活動の時間も足し算すれば、それなりに社会の変化についても語れるだけの経験は経てきたのかもしれません。

その中でふと思うことは、最近、こんな言葉を職場で聞く事が多くなったということです。

「これは、私のミスです、すみません」

「ミスをしてしまい申し訳ありません」

一見、こうしてミスを謝ることは当然のことであり、社会人としてのマナーの一つと言えます。また、謝る・謝らないにかかわらず「そもそも仕事とはミスをしないようにするべきもの。

ミスは事前に防ぐべし」という声が聞こえてくるかもしれません。

しかし、最近は、ミスをすること=無能の証=罪、というような、あまりにも心の狭い価値観が広まっている気がします。職場だけではなく、日本全体に「ミスをすることを許さない」という風潮が広まっている気がするのです。

20年前には、「あっ、間違えちゃった」と誰かが言えば「しょーがないなぁ」と笑い飛ばす風潮も社会全体に、どこかあったように思います。今では、「間違えちゃった」と誰かが言えば、

(なら、早く直せよ)

(そもそも、間違えんなよ)

という無言のプレッシャーがある気がします。そのために、ささいな数字の間違いや記載ミスをしてしまうと、まず、自分自身が顔面蒼白になり、「なんで、自分はこんな事もできないんだろう」「ミスをしない人間になりたい」「俺の頭がエクセルだったら」などと本気で落ち込む風潮がある気がします。

もちろん、昔が良かったと一方的に語るわけではありません。いい加減になぁなぁで折り合ってきた無駄を、きっちりと間違っていることは間違っているとただすようになった現代社会は、より公明正大になり、それは改善だと思います。

しかし、すべての時代の風潮に、完璧という言葉があてはまらないように、今の時代は、あまりにもミスについて一つも許さない、他人のミスは厳しくし、自分のミスには自分を責め、という欠点がある気がします。それが時代の閉塞感を生みだしているのではないでしょうか？

こんな悩みの話しがありました。

「性格は明るい代わりに、私はズボラな性格なんです……だけど、付き合っている彼は几帳面でマメでミスがなくて……彼といると、失敗だらけの私がとんでもなくだらしなくて、ダメな気がしてくるんです……」

この彼女の話しは職場での経験ではありませんが、こんなところにも、ミスをすることを許さない風潮が表れている気がします。他人からミスを責められるのはその人の価値観なので止めるわけにはいきませんが、自分自身までが自分のミスを必要以上に責めるようになってしまうと、人生自体が窮屈なものになってしまいます。それは誰でも、現代の社会に生きるみんなが感じる窮屈さではないでしょうか？

そして、そんな窮屈さを解消する言葉はないのでしょうか？

三重苦を克服したあのヘレン・ケラーはこんな言葉を残しています。

『ミスをしようとくよくよと悩まないことは、人が成功にいたるために大切な信仰です。だって、希望がなければ、どんなことも成り立つことはないのですから』

ヘレン・ケラー（社会福祉家）

ヘレン・ケラーは幼い頃、見えない・聞こえない・しゃべれないという三重の障害を抱えながら、世界中を訪問し、障害者の福祉や教育に尽くした偉大な人物であることは誰もが知っている事でしょう。三重苦の幼少時代に、家庭教師のサリバン先生に出会い、言葉というものに出会った事実は広く知られていますが、その後のヘレン・ケラーの人生にも実はいろいろなことがあったのです。

例えば、1937年に初めて日本を訪れたヘレンでしたが、その時、ヘレンは横浜港の客船待合室で財布を盗まれてしまいます。

初めて訪れた日本で、目が見えないことや耳が聞こえないことを悪用されて、財布を盗まれたヘレンはどんなにショックだったでしょうか。人によっては、犯人探しに躍起になったり、自分のミスだとくよくよと悩んだり、ショックのあまり何も言わずに帰国したりするかもしれません。しかし、ヘレンは、盗まれた事実を隠すことなく、ありのままを日本の新聞に公表したのです。

その結果、どうなったでしょうか？

その話を聞いた日本中の人からヘレンに対する寄付が集まり、それは盗まれたお金の10倍の金額にもなったのです。

もし、ヘレンが、盗まれたことは自分が悪いから？　自分のミス？　と必要以上に自分を責めて、盗まれた事実を隠し、それが明らかにならないままだったならば、そのままヘレンの中には日本に対する不信感が残ったままだったでしょう。しかし、盗まれたという ある意味での知られたくない事実を、ある意味でオープンにしたことにより、ヘレンは自分に対する悪意を何十倍、いや何百倍にもして返す自分への日本人全体の好意と善意を感じ取ることができたのです。

繰り返し、最近の社会は、確かにミスを許さない社会なのかもしれません。特にインターネットで一瞬にして情報が世界中に拡散してしまうことで、ミスをしてそれがネットに流れてしまえば、もう半永久的にその全てをフォローすることは出来ない恐ろしさがあり、そういう状況が私達の生活にミスをする恐怖を与え、なるべくミスや失敗のない事を良しとする風潮を生みだしているのかもしれません。

しかし、人間にとって大事な能力は、ミスをしないことよりも、人を幸せにする能力ではないでしょうか。ミスをしないことで物事はスムーズに進むかもしれませんが、何かを生み出すことはできません。ミスをしないことで、マイナスを0にすることはできても、0を1に変えることはできません。

たとえば、先の質問の女性のように、あなたが明るい性格の持ち主なら、多くの人を笑顔にできます。ヘレンの持ち前の陽気さは、悪意を跳ね返し、人の善意を吸い寄せます。あなたの明るい性格は、ゼロから幸せを産み出すことができます。そばにいる人は、あなたの笑顔から多くの幸せを得ています。

ミスをする自分を責めるよりも、今日1日、誰かを笑顔にすることが出来なかった事を残念に思うような、そんな人間こそが本当の意味での「人材」なのです。

ちなみに、人を笑顔にする秘訣は、いろいろとあるそうです。

良く言われることは、ヘレンや先の女性のようにやはり「自分も笑顔になる」ということ。確かに、イライラムッツリしかめっ面の人を見て、笑顔になる人は滅多にいません。人は相手の顔と同じ表情になるもの。自分が笑顔になることが、第一の条件であるのは間違いなさそうです。

その他には、「電話でも笑顔で接する」……見えなくても声の明るさと弾みが相手を笑顔にする、「相手に歯を見せる」……相手の歯を見ることで、自然と自分の歯も出す＝笑い顔になる、などがあるということです。

それらこの世にあふれる笑顔になると言われる秘訣の中でも、私が最も深いと思うのは、「愛想笑いをやめる。些細なことでも本当に、面白い事を見つけて笑う」です。愛想笑いはいわば、ウソの笑い、偽りの笑いです。それでも相手の笑顔を釣るには充分……と考えていては、相手に幸せを与えることなどできないはず。嘘の笑顔で釣れるのは嘘の気持ちです。素直な気持ちで本当に「楽しい」「本当に面白い」という気持ちを素直に伝えること、その自然なありのままの気持ちを出すことが、本当の意味で相手を笑顔にできる「人材」となりうるのです。それはミスをおそれるという表面上のマイナスに左右されない気持にも通ずるはず。

思えば、私が今の妻と付き合っている時、緊張のあまり、初めの頃は、いつでもスーツで決めて、隙のない自分を演出していたように思います。しかし、ある時、デートでドライブに行ったら、自慢の車が故障してしまいました。

青ざめた私は、車をそこに置き、彼女を連れてタクシーに乗って帰りました。

その車が直るのか……彼女は呆れて交際も終わるのではないか……ミスをした私は、そんな不安をタクシーの中で抱えていました。

後日談です。

彼女が「あなたは自分で気がつかなかったかもしれないけど、あの時、あなたはタクシーの中でポツリと『不安だなぁ……』って呟いたの。それまではあなたの本当の姿がまだわからない気がしていたけど、それを聞いて、なんだか、初めて本音が聞けたような気がして、私は安心したよ。だから、車の故障もタクシー帰りも楽しかった。全然、嫌じゃ無かったよ」

ミスをすれば、自分からも他人からも責められる・・しかし、それはあなたの頭の中で作ったルールでしかないのかもしれません。

参考文献
『奇跡の人 ヘレン・ケラー自伝』ヘレン・ケラー 著／小倉慶郎 翻訳／新潮文庫
『人生を豊かにする英語の名言』森山進／研究社

あとがき

こんにちは、おかのきんやです。

稲垣さんと、根本さんが、それぞれ素晴らしいまえがきと、あとがきを書かれました。出遅れたので、とくに書くことがなくなってしまいました（笑）。

さて、今回の本、稲垣さんは女性の立場から、根本さんは夫、そして父の立場から書かれました。

そこで私はあえて性別に関係なく、老若男女すべての方に向けて書かせていただきました。すべて、私の体験から編み出した心の質を変える工夫です。

そのうちのどれかが、あなたに共感していただけたらとても嬉しいです。そしてそれを、あなたの生活に、応用していただければもっと嬉しいです。

生きていれば、日々色々あります。悲喜こもごもです。

でも、お互いに、工夫して、楽しくがんばりましょう。
三者三様の視点と書き方の中から、どれかあなたにピッタリのものがあれば幸いです。

おかのきんや

「あとがき」ですが、「初めまして」。著者の一人、根本浩です。
『「生きざま」というものが、その人の顔を作っていくのだろう、と思います』これは、稲垣氏の「まえがき」の抜粋ですが、この言葉の通り、この本には、我々著者三人分のそれぞれの表情があります。悩み、戸惑い、喜び、希望……それは、それぞれの局面に立った私たち三人の「生きざま」を原点にして書かれた一冊の証です。

本著を書くにあたり、著者の一人、おかの氏がこんな風にメールを送ってくれたと記憶しています。

「著者それぞれの自分の体験や経験をこの本の中では多く書きませんか?」

シンプルな言葉ですが、ここにもおかの氏の一つの生きざまが表れているように思います。自分自身をありのままに表現しようという、おかの氏のクリエイターとしての姿勢がにじみ出た、いわば本を書くという難しく大切な仕事を始める上での所信表明だと、私は思います。

結局のところ、人に真剣に何かを伝えるという事は、自分自身に真剣に向き合い、自分自身を隠さずに、そして、それを必死で表現することではないでしょうか。そうでなければ、文字という不完全な容器をもって、相手の心にまで響く思いを伝える事など、不可能なのではないかと思うのです。

私の体験は、家庭というものと向き合う心を、それぞれ多く表現しているように思います。それはそのまま、私たちが真剣に生き、そこから学んだことのエッセンスです。「まえがき」の稲垣氏の言葉を再び借りるとすれば、それは、幸せになるための方法そのものの答えではないかもしれませんが、幸せをこの手に感じたその折々の証明として、読者の方々の心に届くものだと信じています。

私たちの1つの体験、そこから生まれた1つの考え方や教訓、それに即した有名人・偉人の一言、そのどれかに読者の方々が「あ、これって、すごくよく分かる」と感じてもらえれば著者としては最高の幸せです。なぜなら、その時にあなたの幸せを感じるための心質改善の第一歩が確かに成されているのですから。

根本浩

先日、多くの人が行き交う渋谷駅のお手洗いで、美しい人に出逢いました。年齢は20代後半くらいでしょうか。真珠の1粒ピアスがよく似合う、背筋がすっと伸びた方でした。その方は長い髪を鏡の前で整えた後、バックからティッシュを取り出し、洗面台に落ちた髪の毛をさっと拾って出て行かれました。しかも、ご自分の髪だけでなく、既にその周りに落ちていた他の方の髪も一緒に。その一連の所作があまりに自然で、私は思わずその人の後ろ姿を見えなくなるまで追いました。

世の中に「きれい」な人はたくさんいますが、「美しい」と印象に残る人は、あまり多くないように思います。まさしく、彼女はそんな余韻残る美しい人でした。きっと、彼女にとってはそうすることが当たり前のことなので、しょうけれど、彼女はどんなお家で、どんな風に育ったのだろうと思いました。

私は、あれから彼女を見習って外で髪を整えたとき、同じように洗面台をきれいにするようになりました。そうすると、きれいになって自分が気持ちいいだけでなく、なんだかいいことがありそうな気がしてご機嫌な気分になります。「汚くていやだな」という場所が、「ちょっといいことありそう」という場所に。これも心質改善、と言っても良いでしょうか（笑）。

さて、最後までお読みいただきありがとうございました。三人三様のメッセージの中に、あなたの心に届く心質改善の処方箋はありましたでしょうか？　少しでも、お役に立つものがあれば、とそう心から願いつつペンを置きます。

そして最後になりましたが、編集の山口信様には大変お世話になりました。この個性の強い3名をよくぞまとめあげてくださいました。特に、私は遅筆な上に原稿を納得するまで何度も書き直し、随分とご迷惑をおかけしました。粘り強く導いてくださいましたことに、心よりお礼を申し上げます。また、この本の企画が生まれたとき、「一緒にやろうよ」とお声をかけてくださった、おかのきんやさん、根本浩さん、本当にありがとうございました。お二人に刺激され、お蔭さまでこの春は、随分と自分と向き合う時間を過ごせました。私の中に眠っていた「伝えたい」という気持ちを揺り起こす機会ともなりました。また、ぜひご一緒させてください。

真っ白なハナミズキが咲く季節に。

稲垣凜花

著者紹介

おかのきんや

エッセイスト・漫画家・企画立案家・出版プロデューサー。
福岡県出身。
本の企画立案をした主な著名人。
片岡鶴太郎・湯川れい子・さくらももこなど。
著書に『しあわせトリック』(ポプラ社)。
『神様が書いた4つの詩』(きこ書房)
『30秒でセルフコントロール 幸せ呼吸法』(ヤマハミュージックメディア)
共著に『一流の人は真正面からうけとめない』(東邦出版) などがある。

根本浩(ネモトヒロシ)

文筆家、高校教師。1973年生まれ。茨城県出身。明治大学文学部卒。

日本語・教育に関するテーマを中心に新聞連載などの執筆経験を経て、現在は自己啓発や名言集まで幅広い書籍執筆を行う。著書は40冊を数える。日本テレビ『世界一受けたい授業』の国語講師としても活動。そして、2人の娘の父。

主な著書に累計10万部超の『10秒で心が癒される言葉』(PHP) や、『書けない漢字が書ける本』(角川SSC新書) などがある。また、共著として『一流の人は真正面からうけとめない』(東邦出版)など。

稲垣凛花(いながきりんか)

エッセイスト、 ブランディングプロデューサー。神戸市出身。

ライター・編集者として、成功者と呼ばれる人達を多数インタビューしてきた経験から、「成功者 (自らの目的を達成した人) ほど、自分の魅せ方を知っている」という共通点に気付き、海外の事例も含めイメージブランディングについて学ぶ。現在は出版プロデュース、執筆の活動と並行し、経営者・政治家・ビジネス書著者を主なクライアントとしたイメージコンサルティング事業を展開。オーディションなどでも合格者を多数輩出している。

「悩みを作らないこころ」に心質改善

発行日　2016年1月29日　第1刷発行

著者　おかのきんや　稲垣凛花　根本 浩

企画・編集　山口 信（内外出版社）
デザイン　松田 満（RAWSUPPLY DesignSociety）

発行者　清田名人
発行所　株式会社 内外出版社
〒110-8578　東京都台東区台東4-19-9
電話 03-3833-2565
FAX 03-3833-3280
http://www.naigai-p.co.jp/corporate/

印刷・製本　大日本印刷株式会社

Printed in Japan
ISBN978-4-86257-219-6